wok

wok

Marina Filippelli

marabout

Publié pour la première fois en Grande-Bretagne
en 2009 sous le titre *200 Wok Recipes*.

Traduit de l'anglais par Véronique Dreyfus.
Mise en pages : les PAOistes.

Pour l'éditeur, le principe est d'utiliser des papiers
composés de fibres naturelles, renouvelables,
recyclables et fabriquées à partir de bois issus
de forêts qui adoptent un système
d'aménagement durable.

En outre l'éditeur attend de ses fournisseurs
de papier qu'ils s'inscrivent dans une démarche
de certification environnementale reconnue.

Édité par Hachette Livre
43, quai de Grenelle, 75905 Paris Cedex 15
Achevé d'imprimer en novembre 2013
par Impresia-Cayfosa Espagne
ISBN : 978-2-501-06219-0
Dépôt légal : juin 2011
40.2108.5/05

sommaire

introduction

Invention chinoise à l'origine, le wok, polyvalent et avantageux, a été adopté dans toute l'Asie de l'Est et du Sud-Est. Sa rapidité de cuisson en fait un ustensile parfait pour les plats sautés de toutes sortes. Sa forme profonde, en demi-sphère, laisse beaucoup de place pour tourner les aliments et obtenir une cuisson rapide et régulière.
Lorsque l'on maîtrise les règles de base de son utilisation décrites ci-dessous, le wok se révèle le meilleur ami du cuisinier. Très pratique pour les repas rapides de semaine et les soirées sans stress, le wok permet bien d'autres types de cuisson que le sauté. Il est ainsi possible de cuire les aliments à la vapeur, de les braiser, de les frire et de les fumer.

toutes les techniques de cuisson au wok

Avec la technique, tout est facile. Suivez les conseils ci-dessous pour tirer le meilleur parti de votre wok.

faire sauter les aliments

Le principe fondamental est la vitesse. Découpez les ingrédients en tout petits morceaux afin qu'ils cuisent rapidement, 4 à 5 minutes maximum pour la viande et le poisson. Les légumes doivent être coupés en portions égales pour une cuisson régulière ; évitez donc de mélanger bouquets de brocoli et fines rondelles de carottes. Les germes de soja et autres légumes tendres s'ajoutent en fin de cuisson pour conserver leur croquant.
Pesez et découpez les aliments avant de commencer la cuisson. N'oubliez pas que vous cuisinez à feu vif. Préparer les légumes une fois l'ail et le gingembre sur le feu, c'est s'exposer à un gâchis carbonisé. Réservez vos ingrédients dans des bols séparés, prêts à être introduits dans le wok au bon moment.
Choisissez la découpe adaptée. La rapidité de cuisson du wok exige une découpe très fine de la viande, qui sera tendre en quelques minutes de cuisson. Les morceaux qui conviennent pour la viande de bœuf sont le filet ou le faux filet sans gras, pour le porc du filet mignon, pour l'agneau du filet, pour le poulet du blanc, et du magret pour le canard. Les crevettes, les gambas,

les noix de Saint-Jacques, les encornets et autres fruits de mer conviennent parfaitement à ce type de cuisson. Ils cuisent en quelques minutes et, grâce à la fermeté de leur chair, ils ne s'émiettent pas lorsqu'on les tourne. Choisissez des poissons à chair ferme comme la lotte, et non pas fragile.

Le wok doit être très chaud. Posez-le sur feu vif avec la quantité d'huile suggérée, puis laissez-le un petit moment, le temps pour la chaleur de remonter les parois. Faites tourner l'huile dans le wok de façon à bien enduire les parois. Versez les ingrédients lorsque le wok est bien chaud. Ils cuiront rapidement, en prenant une belle couleur dorée pendant que vous les tournerez sans cesse. L'huile est prête pour la cuisson lorsqu'elle change de texture.

Faites sauter les ingrédients par petites quantités. Chaque ajout fait chuter la température. Pour une cuisson à feu vif efficace, évitez de trop remplir le wok. Commencez par la viande ou le poisson (en petites quantités si nécessaire) et faites ensuite sauter les légumes séparément. Puis remettez la viande dans le wok en fin de cuisson. Si vous les mélangiez à la cuisson, la viande ou le poisson mijoteraient dans le jus des légumes sans dorer.

Tournez les aliments sans cesse pour obtenir une cuisson régulière et éviter qu'ils ne brûlent.

Ajoutez du liquide en fin de cuisson. Lorsque les ingrédients sont cuits et dorés, faites vite pour qu'ils ne brûlent pas avec la forte chaleur. Versez alors un peu de liquide pour terminer la cuisson par une poussée de vapeur dans le wok. Utilisez une goutte d'eau ou de bouillon ou encore du vin de riz chinois, de la sauce soja ou de la sauce aux huîtres pour ajouter une saveur.

cuire à la vapeur ou fumer

Pour cuire à la vapeur ou fumer, munissez-vous d'un grand wok avec un couvercle bombé. Pour la vapeur, il suffit de poser les aliments sur une grille dans un wok à moitié rempli d'eau bouillante. Ils cuiront dans la vapeur accumulée sous le couvercle. Le principe est le même pour fumer des ingrédients, mais l'eau est remplacée par des feuilles de thé que l'on brûle à la base du wok afin de produire de la fumée sous le couvercle.

Pour ces deux méthodes, choisissez un grand wok qui laisse davantage d'espace

à la vapeur ou à la fumée pour circuler et permet ainsi aux aliments de cuire régulièrement. Avec un wok large, on peut aussi atteindre les aliments sans se brûler.
Les woks sont souvent vendus avec un panier en métal, mais de nombreux ustensiles font très bien l'affaire pour le remplacer : paniers vapeur en bambou, dessous de plat en métal, ou tout simplement une assiette posée sur des ramequins. Il suffit d'un support qui maintienne les aliments à cuire en hauteur.

frire

La largeur du wok est parfaitement adaptée à la friture. Les aliments circulent aisément dans l'huile et cuisent uniformément. Il est plus facile d'ajouter des aliments dans le wok que dans une casserole, plus étroite, ainsi que de les en retirer.

braiser et mijoter

Le wok muni d'un couvercle permet de braiser et de mijoter des plats. Cette polyvalence en fait un ustensile encore plus utile dans votre cuisine sans pour autant présenter d'avantage particulier par rapport à un faitout.

cuisson santé

Tous les plats sautés ne sont pas forcément bons pour la santé. Un peu trop de sauce suffit à faire perdre le bénéfice santé de ce type de cuisson. Bien maîtrisée, cette technique requiert très peu d'huile et la rapidité de cuisson permet de conserver un maximum d'éléments nutritifs. En outre, la viande est coupée en fines tranches, ce qui favorise la consommation de la ration quotidienne de légumes.
Avec le wok, la cuisson vapeur est sans doute la meilleure méthode pour la santé. Elle permet de conserver la saveur et les bienfaits des légumes. Cuits à la vapeur plutôt qu'à l'eau, les aliments perdent moins de vitamines solubles dans l'eau. De plus, cette technique ne nécessite aucune huile ou matière grasse.

choisir son wok

Les woks traditionnels à base bombée conviennent pour les cuisinières à gaz, alors que les versions modernes à base plane sont spécialement conçues pour les plaques électriques. Tous sont équipés soit de deux poignées, soit d'un long manche.

Ce dernier, pratique pour faire sauter les aliments, permet de maintenir le wok d'une main et de remuer vigoureusement les aliments de l'autre ou bien de le tenir fermement mais à distance pour éviter les éclaboussures d'huile brûlante. Les deux poignées, qui permettent de porter le récipient plein à deux mains, sont sans doute plus commodes pour la friture ou les plats mijotés.

Il existe aujourd'hui de nombreux woks antiadhésifs, certains magnifiques, très utiles pour réduire la quantité de matière grasse. Il n'est cependant pas nécessaire de dépenser des fortunes pour l'achat d'un wok : les bons vieux ustensiles en acier des magasins asiatiques ne coûtent pas très cher et durent une vie si vous en prenez soin.

Quel que soit le type de wok choisi, prenez-le grand, d'un diamètre d'au moins 30 cm. La réussite d'un sauté dépend de la chaleur mais également de l'espace pour remuer les aliments. Si les aliments sont entassés dans un espace restreint, ils mijoteront ou cuiront à l'étouffé.

l'entretien du wok

À moins de le choisir antiadhésif, le wok devra être apprêté avant une première utilisation. Commencez par le laver minutieusement dans de l'eau savonneuse pour ôter la couche de revêtement graisseux qui le protège. Essuyez-le soigneusement puis posez-le sur un feu doux. Frottez-le entièrement avec du papier absorbant imbibé d'huile et laissez chauffer ainsi 10 minutes. Essuyez l'huile avec du papier absorbant, puis répétez l'opération jusqu'à ce que le papier ne noircisse plus. Avec un wok bien apprêté, les aliments sautés sont une merveille !

Après chaque utilisation, lavez le wok à l'eau avec une brosse en plastique, jamais en métal. Essuyez-le ensuite soigneusement pour éviter la rouille et placez-le sur le feu afin de faire disparaître toute trace d'humidité. Passez une fine couche d'huile avec du papier absorbant pour le protéger de la rouille.

Si vous prévoyez de faire beaucoup de cuisine à la vapeur, achetez deux woks. L'eau bouillante dégrade la protection de la préparation initiale et le wok doit être préparé à chaque nouvelle utilisation pour cuisiner des aliments sautés. Ce n'est pas bien compliqué, mais cela pourrait devenir

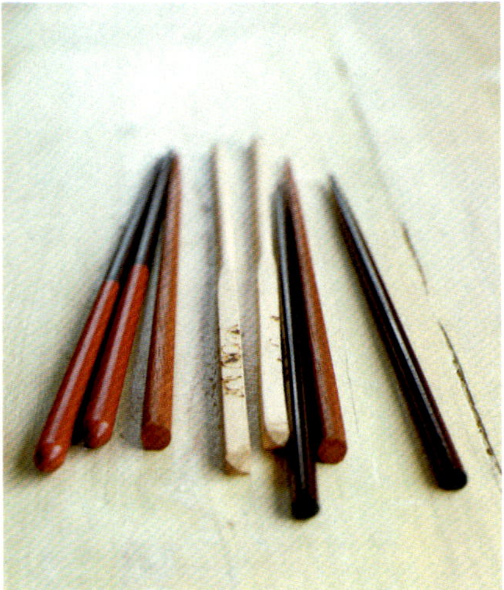

laborieux si vous utilisez régulièrement les deux modes de cuisson.

les accessoires

Si vous êtes expert en utilisation de baguettes, procurez-vous-en à votre prochaine visite au magasin chinois. Elles sont très utiles aussi pour remuer les aliments dans le wok et très pratiques pour soulever les gros morceaux dans l'huile de friture.

Les spatules et cuillères en bois sont très commodes pour faire revenir les aliments.

Un couvercle bombé est indispensable si vous comptez cuisiner autre chose que des sautés.

Pour cuire à la vapeur ou fumer, un panier à vapeur est nécessaire afin de surélever les aliments. Le wok est généralement vendu avec une grille, mais tout support ou dessous de plat en métal qui s'adapte dans votre wok conviendra.

Rien ne vaut une écumoire grillagée ou un « chinois » pour sortir les aliments de l'huile brûlante, mais également pour déposer délicatement les aliments crus dans l'huile sans éclaboussures.

ingrédients

Voici une liste succincte de quelques ingrédients caractéristiques couramment utilisés pour la cuisson au wok. La plupart sont disponibles en supermarché.

sauces et huiles

Vin de riz chinois Semblable en goût au xérès sec, ce vin de riz sert essentiellement pour les sauces et les marinades.

Nuoc-mâm (sauce de poisson, ou « nam pla » en thaï) Extrait de poisson fermenté, son arôme est très loin d'être appétissant et, pourtant, avec son goût salé et rafraîchissant, c'est un assaisonnement essentiel dans tout le Sud-Est asiatique. De nos jours, de nombreux supermarchés en vendent.

Sauce hoisin Sauce chinoise épaisse, sucrée et épicée, à base de soja, de vinaigre, de sucre, d'ail, de piment et de nombreuses épices. La sauce hoisin se marie très bien avec la viande ou les fruits de mer sautés. Une fois ouverte, conservez-la au réfrigérateur.

Sauce aux huîtres C'est une sauce chinoise brune, épaisse et riche, à base d'extraits d'huîtres. Elle donne de la saveur aux sautés et un merveilleux aspect glacé aux recettes. Une fois ouverte, conservez-la au réfrigérateur.

Huile de sésame Huile au goût de noisette, elle est extraite des graines de sésame blanches grillées. À utiliser avec parcimonie. Ajoutez-la en fin de cuisson car son arôme ne résiste pas à la chaleur.

Sauce soja À base de graines de soja fermentées, il existe diverses variétés de cette sauce. La légère, plus salée, sert généralement à assaisonner les marinades ou en début de cuisson. La version plus épaisse et sucrée est souvent incorporée en fin de cuisson pour épaissir et adoucir le plat.

herbes et épices

Cinq-épices en poudre Un mélange chinois d'épices à base de badiane, de graines de fenouil, de clous de girofle, de cannelle et de poivre du Sichuan. Plus doux et parfumé qu'épicé.

Gingembre et galanga Le gingembre frais ajoute un goût épicé et frais à toutes les recettes de ce livre. Le galanga, qui lui ressemble et appartient à la même famille, a un goût plus citronné, plus fruité. C'est un ingrédient essentiel des pâtes de curry thaïes. Si vous n'en trouvez pas, utilisez du gingembre frais à la place. Les deux se conservent 2 semaines au réfrigérateur, enveloppés dans du film alimentaire.

Feuille de citron combava Ces petites feuilles, utilisées dans la cuisine du Sud-Est asiatique, ajoutent une touche citronnée aux currys et aux sautés. Vous pouvez les remplacer par du zeste de citron vert, mais sans retrouver leur saveur fraîche et particulière.

Citronnelle Élément essentiel de la cuisine thaïe et d'Asie du Sud-Est, la tige vert pâle de la citronnelle est utilisée entière ou finement hachée dans les pâtes au curry. On en trouve aujourd'hui facilement, mais si vous n'en trouvez pas, remplacez-la par un mélange de zeste de citron et de citron vert. Elle se conserve au réfrigérateur une semaine environ.

Poivre du Sichuan Ce « poivre », pas fort du tout, n'est pas vraiment du poivre. C'est en réalité des baies séchées de buissons de citrus qui dégagent un arôme floral et délicatement épicé. On en trouve dans les supermarchés.

Tamarin La pulpe du fruit de cet arbre, le tamarinier, a un goût piquant, amer et citronné. Il est souvent utilisé dans la cuisine d'Asie du Sud-Est.

Basilic thaï Également appelé basilic sacré, cette variété ressemble d'aspect et d'arôme à la plante européenne. Les feuilles, légèrement plus épaisses et velues, doivent être bien cuites. Disponible dans les magasins asiatiques seulement, le basilic thaï peut être remplacé par la plante européenne. Incorporez-le en fin de cuisson.

suggestions de menus

Réalisées individuellement et servies avec du riz ou des nouilles, les recettes de ce livre constituent un repas léger. En associant deux ou plusieurs plats, vous composerez un repas complet. Voici quelques idées de menus pour diverses occasions.

repas de semaine pour 4 personnes

Bœuf haché aux œufs brouillés (p. 28)
Chop suey de légumes panachés (p. 180)
Riz blanc ou nouilles
Bœuf sauté aux légumes (p. 18)
Riz aux œufs frits (p. 204)

Poulet noix de cajou-poivrons (p. 76)
Pak choi piment-gingembre (p. 174)
Riz blanc ou nouilles

Poulet sauté au sésame (p. 110)
Légumes à la sauce aux haricots jaunes (page 188)

Porc aux haricots noirs et au piment (p. 54)
Chop suey de légumes panachés (p. 180)
Riz blanc ou nouilles

menus végétariens pour 4 personnes

Légumes à la sauce sweet chili (p. 182)
Chou frisé au piment (p. 194)
Riz aux œufs frits (p. 204)

Pad thaï au tofu (p. 224). Remplacez le nuoc-mâm par du sel et supprimez les crevettes séchées.
Curry jaune thaï aux légumes (p. 168). Remplacez le nuoc-mâm par du sel.

Pak choi piment-gingembre (p. 174)
Riz blanc

menus invités pour 4 personnes

Bœuf thaï aux poivrons et piments (p. 30)
Curry vert thaï de poulet (p. 112)
Riz blanc

Curry rouge thaï de porc aux haricots (p. 68)
Fruits de mer au poivre vert (p. 162)
Riz blanc

Canard à la sauce hoisin (p. 106)
Gambas et saint-jacques aux asperges (p. 150)
Riz blanc ou nouilles

menu végétarien invités pour 4 personnes

Tofu aux champignons (p. 192). Remplacez a sauce aux huîtres par de la sauce soja.
Légumes à la sauce sweet chili (p. 182)
Riz blanc ou nouilles

menu invités pour 6 personnes

Travers de porc au cinq-épices (p. 72)
Porc aigre-doux (p. 48)
Poulet aux poireaux et aux asperges (p. 86)
Nouilles de Singapour (p. 232)
Riz frit au porc et aux crevettes (p. 208)
Barquettes de porc au piment (p. 58)
Curry doux thaï au poisson (p. 158)
Curry thaï au canard (p. 102)
Pad thaï au tofu (p. 224)
Riz blanc

menu invités aux fruits de mer pour 6 personnes

Calamars sel et poivre (p. 136)
Loup de mer vapeur aux agrumes (p. 124)
saint-jacques à la sauce du Sichuan (p. 138)
Choy sum à l'ail (p. 178)
Riz blanc

menu végétarien invités pour 6 personnes

Curry jaune thaï aux légumes (p. 168). Remplacez le nuoc-mâm par du sel.
Tofu au piment et au tamarin (p. 198). Supprimez la pâte de crevettes.
Sauté asperges-champignons (p. 170). Remplacez la sauce aux huîtres par de la sauce soja.
Salade aromatique de carottes (p. 184)
Riz blanc

bœuf
& agneau

bœuf sauté aux légumes

Pour **4 personnes**
Préparation **15 minutes**
+ marinade
Cuisson **12 minutes**

1 c. à s. de **miel liquide**
3 c. à s. de **sauce soja** légère
3 c. à s. de **vin de riz chinois** ou de **xérès sec**
3 c. à s. de **sauce aux huîtres**
1 c. à s. de **fécule de maïs**
500 g de **faux filet de bœuf** paré et coupé en lanières
50 ml de **bouillon de poule**
½ c. à c. de **poivre blanc**
3 c. à s. d'**huile d'arachide**
1 c. à c. de **gingembre frais** finement haché
3 gousses d'**ail** finement émincées
125 g de **brocoli** en fleurettes
150 g de **champignons shiitake** parés, les gros coupés en deux
2 **pak choi** (chou chinois), feuilles séparées
5 **oignons verts** finement émincés

Mélangez le miel, la sauce soja, le vin de riz, la sauce aux huîtres et la fécule de maïs. Mettez le bœuf dans un plat peu profond, non métallique, arrosez-le avec la moitié du mélange et laissez mariner 30 minutes au moins. Incorporez le bouillon de poule et le poivre blanc au reste de sauce puis réservez.

Faites chauffer 1 cuillerée à soupe d'huile dans le wok à feu vif. Faites sauter la moitié du bœuf 2 minutes, puis versez dans une assiette avec le jus. Faites chauffer une autre cuillerée d'huile puis faites revenir le reste du bœuf.

Remettez le wok sur le feu et essuyez-le avec du papier absorbant. Faites chauffer le reste d'huile puis ajoutez le gingembre et l'ail. Ajoutez le brocoli puis, 30 secondes plus tard, les champignons. Faites sauter 2 minutes, puis ajoutez le pak choi le temps qu'il flétrisse.

Versez la sauce réservée et portez-la à ébullition, puis remettez le bœuf dans le wok. Ajoutez les oignons verts et réchauffez le tout. Servez avec du riz.

Pour du tofu aux shiitake, pak choi et germes de soja, remplacez le bœuf par 300 g de tofu coupé en cubes, mariné pendant 10 minutes dans la moitié de la préparation. Faites-le revenir dans 3 cuillerées à soupe d'huile, puis retirez-le à l'aide d'une écumoire. Continuez la recette comme ci-dessus, en omettant le brocoli. Ajoutez 75 g de germes de soja et le reste de marinade puis, une fois à ébullition, ajoutez le tofu et les oignons verts.

bœuf croustillant carottes-orange

Pour **4 personnes**
Préparation **10 minutes**
Cuisson **10 minutes**

2 c. à c. de **poivre du Sichuan**
1 pincée de **sel**
2 c. à c. de **fécule de maïs**
375 g de **faux filet de bœuf** paré, coupé en fines lanières
huile végétale pour friture
200 g de **carottes** coupées en bâtonnets
1 cm de **gingembre frais** coupé en fines lamelles
2 gousses d'**ail** finement émincées
3 c. à s. de **sauce soja** légère
3 c. à s. de **jus d'orange**
le **zeste** de ½ **orange** finement râpé
3 c. à s. de **vin de riz chinois** ou de **xérès sec**
2 c. à s. de **miel liquide**

Pour décorer
3 **oignons verts** coupés en fines lamelles
le **zeste** de ½ **orange** finement râpé

Mettez le poivre du Sichuan dans un wok à sec, à feu moyen, et remuez jusqu'à ce que les grains commencent à éclater et à dégager leur arôme. Transvasez-les dans un mortier avec le sel puis pilez grossièrement. Versez dans un plat avec la fécule de maïs et les lanières de bœuf puis mélangez.

Versez suffisamment d'huile dans le wok pour frire les carottes et le bœuf et faites monter la température à 190 °C. Faites frire les carottes 2 minutes jusqu'à ce qu'elles soient dorées et croquantes. Retirez-les à l'aide d'une écumoire et égouttez-les sur du papier absorbant.

Faites frire le bœuf 30 secondes, en deux fois, jusqu'à ce qu'il soit croquant et change de couleur. Puis retirez-le à l'aide d'une écumoire et égouttez-le sur du papier absorbant.

Jetez l'huile, sauf 1 cuillerée à soupe, et remettez le wok sur le feu. Ajoutez le gingembre et l'ail et mélangez bien, puis versez la sauce soja, le jus et le zeste d'orange et le vin de riz. Ajoutez le miel et tournez jusqu'à ce qu'il ait fondu, puis versez le bœuf et les carottes cuits. Mettez à petit feu et tournez pour épaissir la sauce. Servez avec du riz vapeur. Garnissez d'oignons verts coupés en fines lamelles et de zeste d'orange.

Pour un bœuf croustillant au brocoli, remplacez les carottes par 150 g de petits bouquets de brocoli blanchis 2 minutes dans de l'eau bouillante. Égouttez-les, faites-les frire puis continuez la recette comme ci-dessus.

bœuf à la sauce aux haricots noirs

Pour **4 personnes**
Préparation **10 minutes**
Cuisson **10 minutes**

3 c. à s. d'**huile d'arachide**
500 g de **bœuf maigre**, coupé en fines tranches
1 **poivron rouge** évidé, épépiné et coupé en lanières
6 **jeunes épis de maïs** coupés en deux dans le sens de la longueur
1 **piment vert** épépiné et coupé en lanières
3 **échalotes** émincées
2 c. à s. de **sauce aux haricots noirs**
4 c. à s. d'**eau**
1 c. à s. de **fécule de maïs** délayée dans 1 c. à s. d'**eau**
sel

Faites chauffer 1 cuillerée à soupe d'huile dans un wok à feu vif. Quand elle est bien chaude, ajoutez la moitié du bœuf, salez et faites revenir 2 minutes. Lorsqu'il commence à prendre de la couleur, transvasez-le dans une assiette à l'aide d'une écumoire. Faites chauffer une autre cuillerée à soupe d'huile et faites sauter le reste de bœuf.

Remettez le wok sur le feu et nettoyez-le avec du papier absorbant. Faites chauffer le reste d'huile et versez le poivron, le maïs, le piment et les échalotes. Faites sauter 2 minutes, puis ajoutez la sauce aux haricots noirs, l'eau et la fécule de maïs délayée dans l'eau. Portez à ébullition, remettez le bœuf dans le wok et faites sauter jusqu'à ce que la sauce épaississe et enrobe l'ensemble d'un glaçage velouté. Servez avec du riz, si vous le souhaitez.

Pour des gambas aux oignons verts et sauce aux haricots noirs, remplacez le bœuf par 250 g de gambas crues décortiquées. Remplacez le maïs, le piment vert et les échalotes par 75 g de germes de soja, 1 piment rouge et 3 oignons verts coupés en tronçons de 1 cm, puis faites cuire comme ci-dessus.

bœuf braisé aux épices

Pour **4 personnes**
Préparation **15 minutes**
Cuisson **2 h 30**

2 c. à s. d'**huile de colza**
1 gros **oignon**
1 c. à s. de **gingembre frais** haché
2 **piments** émincés
500 g de **bœuf à braiser**, coupé en dés de 2,5 cm
2 gousses d'**ail** écrasées
600 ml de **bouillon de bœuf**
5 **étoiles de badiane**
1 c. à c. de **cinq-épices** en poudre
1 bâton de **cannelle**
1 c. à c. de **graines de fenouil**
2 **feuilles de citron combava** séchées
1 bâton de **citronnelle** émincé
1 c. à s. de **grains de poivre noir**
2 c. à s. de **sauce shoyu** (sauce soja japonaise)
400 g de **carottes** coupées en rondelles de 1 cm d'épaisseur
500 g de **daïkon** ou de **navets**, coupés en rondelles de 1 cm d'épaisseur
ciboulette chinoise ou **ordinaire** pour décorer

Faites chauffer l'huile dans un wok à feu moyen. Ajoutez l'oignon, le gingembre et les piments puis faites revenir 5 à 7 minutes.

Augmentez le feu, ajoutez le bœuf et faites sauter 5 à 10 minutes, le temps qu'il soit légèrement doré, en remuant de temps en temps.

Ajoutez l'ail, le bouillon de bœuf, la badiane, le cinq-épices, la cannelle, les graines de fenouil, les feuilles de combava, la citronnelle, les grains de poivre et la sauce shoyu et mélangez bien. Portez à ébullition puis baissez le feu, couvrez et laissez mijoter doucement 1 h 30, en remuant de temps en temps. Ajoutez les carottes et le daïkon et poursuivez la cuisson, à couvert, pendant 45 minutes jusqu'à ce que les légumes soient tendres.

Retirez le gras à la surface et décorez de ciboulette avant de servir.

Pour un brocoli au sésame à servir en accompagnement, faites blanchir 500 g de bouquets de brocoli 2 minutes dans une casserole d'eau bouillante, puis égouttez-les et disposez-les sur un plat de service. Assaisonnez le brocoli avec 1 cuillerée à café de sauce shoyu mélangée à 1 gousse d'ail écrasée. Juste avant de servir, parsemez de 1 cuillerée à soupe de graines de sésame.

salade thaïe pimentée au bœuf

Pour **4 personnes**
Préparation **15 minutes**
Cuisson **5 à 10 minutes**

2 c. à s. d'**huile végétale**
500 g de **rumsteck** ou de **filet de bœuf**, coupés en fines lanières dans le sens des fibres
3 gousses d'**ail** hachées menu
2 **piments verts** coupés en fines rondelles
le **jus** de 2 **citrons**
1 c. à s. de **nuoc-mâm**
2 c. à c. de **sucre semoule**
2 **papayes** mûres, coupées en tranches fines
½ gros **concombre** coupé en julienne
75 g de **germes de soja**
1 **laitue pommée** ou **iceberg**, grossièrement hachée

Faites chauffer l'huile dans un wok à feu moyen. Ajoutez le bœuf, l'ail et les piments, augmentez le feu et faites rissoler 3 à 4 minutes, le temps que la viande soit bien dorée.

Versez le jus de citron et le nuoc-mâm, ajoutez le sucre et faites sauter jusqu'au grésillement, puis retirez le wok du feu.

Ôtez la viande à l'aide d'une écumoire et incorporez-la à la papaye, au concombre, aux germes de soja et à la laitue. Assaisonnez la salade avec le jus de cuisson et servez chaud avec un bol de sauce pimentée, selon votre goût.

Pour une salade thaïe au bœuf et à la mangue, faites cuire le bœuf avec l'ail, les piments, le jus de citron, le nuoc-mâm et le sucre comme ci-dessus. Remplacez les papayes par 2 mangues mûres finement tranchées et supprimez la laitue. Mélangez le bœuf avec les mangues, le concombre, les germes de soja et servez chaud sur un lit de feuilles de coriandre à la place de la laitue, agrémenté de jus de cuisson.

bœuf haché aux œufs brouillés

Pour **4 personnes**
Préparation **5 minutes**
+ marinade
Cuisson **10 minutes**

300 g de **bœuf haché**
1 ½ c. à s. de **sauce soja** légère
3 c. à c. d'**huile de sésame**
1 c. à s. de **vin de riz chinois**
1 c. à c. de **sucre semoule**
½ c. à c. de **sel**
3 c. à s. d'**huile d'arachide**
1 **oignon rouge** coupé en fines tranches
1 **piment rouge** épépiné et haché menu
3 **œufs**
poivre noir
1 poignée de **feuilles de coriandre** pour décorer

Placez la viande émiettée à la fourchette dans un bol avec 1 cuillerée à soupe de sauce soja, 2 cuillerées à café d'huile de sésame et le vin de riz. Incorporez le sucre et le sel et poivrez généreusement. Laissez mariner 15 minutes.

Faites chauffer 2 cuillerées à soupe d'huile d'arachide dans un wok à feu vif. Quand elle est bien chaude, ajoutez l'oignon et le piment et faites rissoler 2 minutes. Ajoutez le bœuf et laissez cuire le temps qu'il soit juste doré. Égouttez dans une passoire.

Essuyez le wok, remettez-le sur le feu et versez-y le reste d'huile d'arachide. Pendant que l'huile chauffe, battez les œufs avec le reste de sauce soja et d'huile de sésame et assaisonnez légèrement avec du poivre noir fraîchement moulu. Versez le mélange dans l'huile brûlante et remuez 1 minute jusqu'à ce qu'il soit presque cuit mais encore un peu baveux. Remettez le bœuf cuit dans le wok et faites sauter 1 minute. Garnissez de feuilles de coriandre et servez avec du riz si vous le souhaitez.

Pour du poulet haché aux œufs et aux nouilles, faites tremper 200 g de nouilles de riz larges déshydratées en suivant les instructions du paquet, égouttez-les et réservez-les. Remplacez le bœuf haché par 300 g de poulet haché et procédez comme ci-dessus avec les mêmes ingrédients sautés. Ajoutez les nouilles égouttées dans le wok lorsque vous remettez la viande. Réchauffez bien, puis incorporez la coriandre fraîche et le jus de 1 citron vert.

bœuf thaï aux poivrons et piments

Pour **4 personnes**
Préparation **5 minutes**
Cuisson **15 minutes**

2 c. à s. d'**huile végétale**
2 **faux filets de bœuf** (250 g environ)
1 **oignon** émincé
1 **poivron rouge** + 1 **vert** + 1 **jaune**, évidés, épépinés et coupés en lanières épaisses
1 bâton de **citronnelle** finement haché
2 **piments rouges**, épépinés et finement hachés
2 gousses d'**ail** finement émincées
1 cm de **gingembre frais** finement haché
4 c. à s. de **sauce aux huîtres**
3 c. à s. d'**eau**
1 poignée de **feuilles de basilic thaï**
sel et **poivre noir**

Frottez les faux filets avec 1 cuillerée à soupe d'huile et assaisonnez de sel et de poivre noir du moulin. Faites-les cuire 3 minutes de chaque côté dans une poêle très chaude, puis laissez reposer 3 à 4 minutes. Coupez-les en fines lamelles.

Faites chauffer le reste d'huile dans un wok à feu vif. Quand elle est bien chaude, versez l'oignon. Au bout de 3 minutes, quand l'oignon a ramolli, ajoutez les poivrons, la citronnelle, les piments, l'ail et le gingembre. Ajoutez la sauce aux huîtres et l'eau et portez à ébullition. **Retirez** du feu et incorporez délicatement le basilic et le bœuf réservé. Servez sans attendre.

Pour une salade thaïe au bœuf, aux poivrons et aux piments, faites cuire 50 g de vermicelles de riz déshydratés en suivant les indications de l'emballage. Égouttez-les, passez-les sous l'eau froide et réservez-les. Faites cuire le bœuf, les poivrons et les piments comme ci-dessus et laissez refroidir. Transvasez dans un bol et ajoutez 1 poignée de noix de cajou grillées, 1 poignée de coriandre fraîche et les vermicelles de riz, puis mélangez.

curry rouge thaï au bœuf

Pour **4 personnes**
Préparation **5 minutes**
Cuisson **8 minutes**

1 c. à s. d'**huile végétale**
625 g de **faux filet** paré et coupé en tranches fines
2 c. à s. de **pâte de curry rouge** (voir page 80)
400 ml de **lait de coco** en boîte
150 ml de **bouillon de bœuf** ou **de légumes**
1 c. à s. de **cassonade**
2,5 cm de **gingembre frais** grossièrement coupé
1 bâton de **citronnelle** écrasé
100 g de **pois mange-tout** coupés en biais
100 g de **germes de soja**
1 c. à s. de **nuoc-mâm**
le **zeste** de 1 **citron vert**, râpé
1 petite poignée de **feuilles de coriandre**

Faites chauffer l'huile dans un wok à feu vif. Quand elle est bien chaude, ajoutez le bœuf et la pâte de curry en remuant pour bien napper la viande et faites sauter 2 minutes environ. Le bœuf doit être légèrement doré, mais rosé au centre.

Versez le lait de coco et le bouillon ainsi que la cassonade, le gingembre, la citronnelle, les pois mange-tout, les germes de soja, le nuoc-mâm et le zeste de citron vert. Portez à ébullition, puis baissez le feu et laissez frémir 2 minutes jusqu'à ce que les pois mange-tout soient tendres.

Retirez le gingembre et la citronnelle du curry et incorporez la coriandre. Servez avec du riz.

Pour un curry rouge thaï aux légumes, remplacez le bœuf par 1 aubergine coupée en dés, 6 jeunes épis de maïs coupés en deux dans le sens de la longueur et 25 g de pousses de bambou en boîte, égouttées. Faites revenir la pâte de curry rouge dans l'huile 1 minute puis ajoutez les légumes et les autres ingrédients comme ci-dessus. Laissez mijoter 7 à 8 minutes jusqu'à ce que l'aubergine soit tendre.

émincé de bœuf à l'indonésienne

Pour **4 personnes**
Préparation **5 minutes**
Cuisson **8 minutes**

1 **oignon**
2 gousses d'**ail**
2,5 cm de **gingembre frais** émincé
1 **piment rouge** émincé
2 c. à s. de **crevettes séchées**
3 c. à s. d'**huile végétale**
500 g de **bœuf maigre**, coupé en fines lanières
1 c. à s. de **pâte de tamarin**
2 c. à s. de **sauce soja**
4 c. à s. d'**eau**
1 c. à c. de **cassonade**
1 petite poignée de **feuilles de menthe** ciselées + quelques-unes entières pour décorer
1 c. à s. de **ciboulette** émincée pour décorer

Broyez l'oignon, l'ail, le gingembre, le piment et les crevettes séchées dans un robot de cuisine pour obtenir une pâte bien lisse.

Faites chauffer l'huile dans un wok à feu moyen et faites cuire la préparation 2 minutes environ, en remuant sans arrêt, jusqu'à ce que l'huile se sépare des autres ingrédients.

Ajoutez le bœuf et faites revenir jusqu'à ce qu'il change de couleur, puis ajoutez la pâte de tamarin, la sauce soja et l'eau. Laissez mijoter à découvert 2 à 3 minutes jusqu'à évaporation quasi totale du liquide. La viande doit être tendre. Incorporez la cassonade et les feuilles de menthe ciselées, assaisonnez selon votre goût et décorez de ciboulette et de feuilles de menthe entières. Accompagnez de légumes et de riz, selon votre goût.

Pour du porc au poivron jaune et aux champignons, remplacez le bœuf par 500 g de porc émincé, ajoutez 1 poivron jaune, épépiné et coupé en fines lamelles, et 75 g de champignons de Paris. Suivez la recette ci-dessus en ajoutant les légumes supplémentaires en même temps que la viande.

bœuf coréen au concombre

Pour **4 personnes**
Préparation **12 minutes**
+ marinade
Cuisson **10 minutes**

500 g de **faux filet** paré, coupé en fines lanières
2 c. à c. d'**huile de sésame**
2 c. à s. de **sauce soja** légère
½ c. à c. de **sel**
1 c. à c. de **cassonade**
2 gousses d'**ail** écrasées
1 c. à s. de **gingembre frais** haché
1 **concombre**
3 c. à s. d'**huile d'arachide**
4 **oignons verts** émincés en biais
2 c. à s. de **graines de sésame** grillées pour décorer

Laissez le bœuf mariner 30 minutes dans un bol avec l'huile de sésame, la sauce soja, le sel, la cassonade, l'ail et le gingembre.

Épluchez le concombre, coupez-le en deux dans le sens de la longueur puis en morceaux de 1 cm de long.

Faites chauffer la moitié de l'huile dans le wok à feu vif. Quand elle est bien chaude, ajoutez la moitié du bœuf et faites sauter 2 à 3 minutes pour qu'il soit tout juste cuit, puis retirez-le à l'aide d'une écumoire. Faites chauffer le reste de l'huile et faites sauter le reste du bœuf de la même façon.

Ajoutez le concombre et les oignons verts. Faites sauter encore 1 minute jusqu'à ce que le concombre soit tout juste tendre et servez parsemé de graines de sésames grillées.

Pour un porc épicé au concombre, remplacez le bœuf par 500 g de porc maigre coupé en lanières. Ajoutez aux ingrédients de la marinade 1 cuillerée à soupe de graines de coriandre pilées et préparez le plat comme ci-dessus. Une fois le plat terminé, garnissez-le de fines rondelles de piment rouge, de 1 poignée de feuilles de coriandre et agrémentez du jus de ½ citron vert.

bœuf aux poivrons jaunes

Pour **4 personnes**
Préparation **10 minutes**
Cuisson **8 minutes**

½ c. à s. d'**huile d'arachide**
1 c. à s. de **sauce aux haricots noirs**
500 g de **rumsteck** ou de **filet**, coupés en fines lanières
1 **piment rouge** épépiné et coupé en lanières
100 g d'**oignon** coupé en cubes
300 g de **poivron jaune** évidé, épépiné puis coupé en cubes
200 ml de **bouillon de bœuf pimenté**
1 c. à c. de **fécule de maïs** délayée dans 1 c. à s. d'**eau**

Faites chauffer l'huile à feu vif. Quand elle est bien chaude, ajoutez la sauce aux haricots noirs et faites revenir quelques secondes, puis ajoutez le bœuf tranché et laissez 1 minute jusqu'à ce que la viande soit à moitié cuite.

Incorporez le piment, l'oignon et le poivron jaune et faites sauter 1 à 2 minutes. Puis ajoutez le bouillon de bœuf pimenté et portez à ébullition.

Incorporez la fécule de maïs délayée dans l'eau lentement jusqu'à ce que la sauce soit épaisse et transparente. Servez immédiatement.

Pour une sauce épicée aux tomates à servir avec le bœuf, faites chauffer 100 ml de passata de tomates dans un wok avec 2 cuillerées à soupe de vin de riz chinois, 1 cuillerée à soupe de sauce soja légère, 1 cuillerée à café d'huile de piment et 2 cuillerées à soupe d'eau. Laissez mijoter pour faire réduire la sauce puis laissez refroidir avant de servir.

salade de bœuf, tomate et oignon

Pour **4 personnes**
Préparation **10 minutes**
Cuisson **6 minutes**

2 c. à s. d'**huile d'arachide**
1 c. à s. de **gingembre frais** finement haché
2 gousses d'**ail** émincées
375 g de **faux filet** paré et coupé en fines lanières
250 g de **tomates cerises** coupées en deux
1 poignée de **feuilles de coriandre**
1 **oignon rouge** émincé

Sauce
1 c. à s. de **sauce soja**
2 c. à c. de **fécule de maïs**
1 c. à s. de **vin de riz chinois** ou de **xérès sec**
1 pincée de **sel**

Versez les ingrédients pour la sauce dans un bol et mélangez bien pour éviter les grumeaux. Réservez.

Faites chauffer l'huile dans un wok à feu vif. Quand elle est bien chaude, faites revenir le gingembre et l'ail quelques secondes, puis ajoutez le bœuf et continuez la cuisson 2 à 3 minutes afin que la viande soit légèrement dorée.

Incorporez la sauce et mélangez bien, puis laissez réduire en un épais glaçage. Transvasez le bœuf dans un bol avec les ingrédients restants. Vérifiez l'assaisonnement et servez cette salade chaude.

Pour une salade de poulet à la menthe et aux légumes croquants, remplacez le bœuf par 375 g de blanc de poulet et faites-le cuire avec l'ail et le gingembre comme ci-dessus. Incorporez la sauce et lorsque le poulet est bien cuit et bien nappé, transvasez-le dans un bol avec 4 radis finement coupés, 50 g de germes de soja, 50 g de pois sugar snap tranchés (ou, à défaut, des pois gourmands) et 1 généreuse poignée de feuilles de menthe.

agneau aux pois gourmands

Pour **4 personnes**
Préparation **10 minutes**
+ marinade
Cuisson **10 minutes**

- 2 c. à c. de **fécule de maïs**
- 1 ½ c. à s. de **vin de riz chinois** ou de **xérès sec**
- 2 c. à s. de **sauce soja** légère
- 2 gousses d'**ail** finement hachées
- 500 g de **viande d'agneau maigre**, coupée en fines tranches
- 1 c. à c. de **poivre du Sichuan**
- ¼ de c. à c. de **gros sel**
- 3 c. à s. d'**huile d'arachide**
- 75 g de **pois gourmands**
- 1 c. à c. d'**huile de sésame**
- 1 **piment rouge** épépiné et haché
- 1 **oignon vert** très finement émincé

Délayez la fécule de maïs dans le vin de riz jusqu'à obtenir une pâte, puis incorporez la sauce soja et l'ail. Ajoutez l'agneau et mélangez. Couvrez et laissez mariner 25 à 30 minutes. Égouttez.

Placez le poivre du Sichuan dans un wok à sec, à feu moyen, et remuez jusqu'à ce que les grains éclatent et dégagent leur arôme. Versez dans un mortier et pilez grossièrement avec le sel.

Faites chauffer la moitié de l'huile dans le wok à feu vif. Quand elle est bien chaude, ajoutez la moitié de l'agneau et faites sauter 3 minutes, puis retirez à l'aide d'une écumoire. Faites chauffer le reste de l'huile puis faites revenir le reste de l'agneau.

Remettez toute la viande dans le wok, ajoutez les pois gourmands puis, 1 minute plus tard, incorporez l'huile de sésame, le piment, l'oignon vert, le sel et le poivre pilés. Faites cuire encore 1 minute. Servez avec des nouilles, si vous le souhaitez.

Pour des noix de Saint-Jacques aux pois mange-tout et au poivre du Sichuan, remplacez l'agneau par 12 noix de Saint-Jacques et les pois gourmands par 75 g de pois mange-tout coupés en deux. Laissez mariner et revenir les Saint-Jacques en deux fois, comme ci-dessus. Lorsque vous remettez toutes les Saint-Jacques dans le wok, ajoutez les pois mange-tout et les autres ingrédients puis continuez la recette ci-dessus.

agneau aux patates douces

Pour **4 personnes**
Préparation **15 minutes**
Cuisson **15 minutes**

3 c. à s. d'**huile d'arachide**
2,5 cm de **gingembre frais** finement haché
2 gousses d'**ail** émincées
2 **piments rouges**, épépinés et coupés en lanières
400 g de **patates douces** épluchées, coupées en deux puis en fines tranches
150 g de **haricots verts** coupés en deux
250 g de **viande d'agneau maigre**, coupée en fines lanières
3 c. à s. de **sauce aux huîtres**
1 c. à s. d'**eau**
1 c. à c. d'**huile de sésame**

Faites chauffer la moitié de l'huile dans un wok à feu vif. Quand elle est bien chaude, faites revenir le gingembre, l'ail et les piments quelques secondes, avant d'ajouter les patates douces. Faites sauter 3 minutes, ajoutez les haricots verts et laissez encore 3 à 4 minutes pour que les patates douces soient tendres et les haricots dorés. Réservez les légumes dans un grand plat pendant la cuisson de l'agneau.

Remettez le wok sur le feu, essuyez-le avec du papier absorbant, et faites chauffer le reste de l'huile. Faites sauter l'agneau 2 minutes, puis incorporez la sauce aux huîtres et l'eau. Laissez cuire 1 minute en remuant, puis ajoutez les légumes cuits et laissez encore 1 minute. Versez l'huile de sésame, mélangez bien puis servez.

Pour du poulet aux carottes et à la sauce aux haricots noirs, remplacez les patates douces par 250 g de carottes coupées en rondelles et l'agneau par 250 g de blanc de poulet coupé en dés. Assaisonnez de 3 cuillerées à soupe de sauce aux haricots noirs au lieu de la sauce aux huîtres.

porc

porc aigre-doux

Pour **4 personnes**
Préparation **15 minutes**
+ marinade
Cuisson **20 minutes**

4 c. à s. de **fécule de maïs**
1 c. à s. de **vin de riz chinois** ou de **xérès sec**
1 c. à s. de **sauce soja** légère
2 c. à c. d'**huile de sésame**
1 **jaune d'œuf**
½ c. à c. de **sel**
500 g de **porc maigre**, paré et coupé en morceaux de 2,5 cm
1 **poivron rouge** + 1 **vert**, épépinés et coupés en dés
1 **carotte** coupée en rondelles
150 g d'**ananas** en boîte, égoutté et coupé en dés
2 c. à s. de **sauce soja** légère
4 **oignons verts** émincés
4 c. à s. de **farine**
huile végétale pour friture

Sauce aigre-douce
200 ml de **vinaigre de malt**
100 ml de **vin de riz chinois**
2 c. à s. de **sucre**
4 c. à s. de **concentré de tomates**
1,5 cm de **gingembre frais** émincé
3 gousses d'**ail** écrasées

Mélangez 1 cuillerée à soupe de fécule de maïs avec le vin de riz dans un grand bol pour obtenir une pâte, puis incorporez la sauce soja, l'huile de sésame, le jaune d'œuf et le sel. Ajoutez le porc et mélangez bien, puis couvrez et laissez mariner 2 heures ou toute la nuit au réfrigérateur.

Versez les ingrédients de la sauce aigre-douce dans une casserole et portez à ébullition en remuant. Ajoutez les poivrons et la carotte, puis réduisez le feu. Laissez mijoter doucement 5 minutes, incorporez l'ananas et laissez cuire encore 3 à 4 minutes. Incorporez la sauce soja et les oignons verts puis réservez.

Mélangez la farine et les 3 cuillerées restantes de fécule de maïs puis incorporez à la marinade de porc.

Faites chauffer suffisamment d'huile pour faire frire le porc à 190 °C. Faites frire la viande 3 à 4 minutes en plusieurs fois. Retirez-la à l'aide d'une écumoire et égouttez-la sur du papier absorbant, puis ajoutez à la sauce aigre-douce. Servez avec du riz.

Pour des légumes aigres-doux, réalisez la sauce aigre-douce comme ci-dessus et réservez-la. Faites chauffer 1 cuillerée à soupe d'huile d'arachide dans un wok et faites sauter 3 minutes 1 carotte en rondelles, 1 poivron rouge et 1 poivron jaune, épépinés et coupés en lanières, 200 g de chou-fleur et 5 oignons verts émincés. Ajoutez la sauce aigre-douce et laissez mijoter jusqu'à ce que les légumes soient tendres.

curry rouge thaï au porc

Pour **4 personnes**
Préparation **20 minutes**
Cuisson **30 minutes**

2 c. à s. d'**huile d'arachide**
2 **échalotes** émincées
1 **piment vert**, épépiné et émincé
2 c. à s. de **pâte de curry rouge thaï** (voir page 80)
500 g de **porc maigre**, coupé en tranches fines
1 c. à s. de **nuoc-mâm**
½ c. à c. de **cassonade**
150 ml de **lait de coco** en boîte
75 g de **pousses de bambou** en boîte, égouttées + quelques-unes pour servir
2 c. à s. de **feuilles de coriandre** ciselées

Pour décorer
piment rouge coupé en rondelles
branches de **coriandre**

Faites chauffer l'huile dans un wok à feu doux. Faites-y revenir les échalotes et le piment 3 minutes, puis ajoutez la pâte de curry et laissez cuire 1 minute de plus.

Incorporez le porc au mélange dans le wok, puis ajoutez le nuoc-mâm, la cassonade et faites revenir encore 3 minutes. Versez le lait de coco et portez à ébullition, puis réduisez le feu et laissez mijoter doucement 20 minutes, en remuant de temps en temps, jusqu'à ce que le porc soit tendre.

Ajoutez les pousses de bambou et la coriandre ciselée puis réchauffez pendant 2 minutes.

Décorez le curry de rondelles de piment rouge et de branches de coriandre. Servez avec des pousses de bambou.

Pour un curry jaune doux thaï, ne mettez pas de piment vert et remplacez le curry rouge par 2 cuillerées de pâte de curry jaune faite maison (voir page 148). Utilisez 400 ml de lait de coco au lieu de 150. Ajoutez dans le wok, en même temps que le lait de coco, 200 g de pommes de terre nouvelles coupées en tranches. Suivez ensuite la recette comme ci-dessus.

porc au piment et au basilic

Pour **4 personnes**
Préparation **10 minutes**
Cuisson **8 à 10 minutes**

2 c. à s. d'**huile végétale**
1 gousse d'**ail** écrasée
2 **piments rouges** finement hachés
125 g de **porc maigre**, coupé en tranches fines
¼ de c. à c. de **poivre noir**
1 c. à s. de **nuoc-mâm**
½ c. à c. de **sucre**
50 g de **pousses de bambou** en boîte, égouttées (facultatif)
2 c. à s. d'**oignon** finement émincé
½ **poivron rouge** évidé, épépiné et émincé
4 c. à s. de **bouillon de poule** ou **de légumes**
2 poignées de **feuilles de basilic** + quelques-unes pour décorer
3 ou 4 **piments rouges**, épépinés et émincés pour servir

Faites chauffer l'huile dans un wok à feu vif. Faites-y revenir l'ail et les piments jusqu'à ce que l'ail soit tout juste doré. Ajoutez le porc, le poivre, le nuoc-mâm et le sucre, sans cesser de remuer.

Incorporez les pousses de bambou, si vous en mettez, l'oignon, le poivron rouge et le bouillon. Laissez cuire 5 minutes. Ajoutez les feuilles de basilic et laissez cuire 1 minute de plus.

Décorez de feuilles de basilic et de grandes rondelles de piment rouge. Puis servez aussitôt avec du riz, si vous le souhaitez.

Pour du bœuf au piment et au basilic, remplacez le porc par 125 g de rumsteck. Faites-le mariner 30 minutes dans 1 cuillerée à soupe de pâte de curry rouge thaï faite maison (voir page 80), puis suivez la recette ci-dessus.

porc aux haricots noirs et au piment

Pour **4 personnes**
Préparation **15 minutes**
+ marinade
Cuisson **12 minutes**

1 c. à c. de **fécule de maïs**
2 c. à s. de **vin de riz chinois** ou de **xérès sec**
1 c. à c. de **sucre**
½ c. à c. de **sel**
2 c. à s. de **sauce aux haricots noirs**
500 g de **porc maigre**, paré et coupé en longues et fines lanières
3 c. à s. d'**huile d'arachide**
1 petit **oignon rouge** émincé
1 **poivron rouge** évidé, épépiné et émincé
1,5 cm de **gingembre frais** coupé en bâtonnets
2 gousses d'**ail** émincées
2 c. à s. d'**eau**
4 **oignons verts** émincés
2 **piments rouges**, épépinés et finement hachés
2 c. à c. d'**huile de sésame**

Versez la fécule de maïs, le vin de riz, le sucre, le sel et la sauce aux haricots noirs dans un bol puis mélangez pour obtenir une pâte bien lisse. Ajoutez le porc et enrobez-le de pâte. Laissez reposer 10 minutes.

Faites chauffer 1 cuillerée à soupe d'huile d'arachide dans un wok à feu vif. Quand elle est bien chaude, faites dorer la moitié du porc 2 à 3 minutes, puis retirez à l'aide d'une écumoire et réservez. Faites chauffer 1 autre cuillerée d'huile et faites revenir le reste du porc de la même façon.

Nettoyez le wok avec du papier absorbant et faites chauffer le reste d'huile à feu vif. Puis faites revenir l'oignon, le poivron rouge, le gingembre et l'ail 2 minutes. Remettez le porc dans le wok avec l'eau et réchauffez 1 minute.

Ajoutez les oignons verts, les piments et l'huile de sésame puis laissez 30 secondes de plus sur le feu. Servez.

Pour une lotte aux champignons et à la sauce aux haricots noirs, remplacez le porc par 500 g de lotte coupée en morceaux et le poivron rouge par 20 g de champignons shiitake. Puis suivez les indications ci-dessus.

porc au riz brun

Pour **4 personnes**
Préparation **15 minutes**
Cuisson **30 minutes**

200 g de **riz long brun**
1 c. à c. d'**huile de tournesol**
400 g de **porc maigre**, coupé en fines lanières
2 gousses d'**ail** émincées
300 g de **légumes** : lanières de **poivron**, **germes de soja**, **brocoli**, **poireaux** coupés en rondelles, **carottes** coupées en bâtonnets
350 ml de **jus de pomme** pressé
2 c. à c. de **concentré de tomates**
1 c. à c. de **cinq-épices** en poudre

Portez de l'eau à ébullition dans une casserole, ajoutez le riz long brun et laissez frémir 30 minutes.

Juste avant la fin de la cuisson du riz, faites chauffer l'huile dans un wok à feu vif. Quand elle est bien chaude, faites-y revenir le porc et l'ail 3 minutes à feu vif, en remuant. Ajoutez les légumes et laissez cuire encore 3 minutes.

Mélangez le jus de pomme, le concentré de tomates et le cinq-épices, ajoutez-les dans le wok et faites cuire 1 minute.

Égouttez le riz, transvasez-le dans des bols et versez le sauté par-dessus.

Pour du riz brun aux gambas, oignons rouges et poivrons, remplacez le porc par 250 g de gambas décortiquées et faites-les revenir 1 minute avec l'ail. Ajoutez les poivrons rouge et vert finement coupés et l'oignon rouge émincé, puis poursuivez la recette comme ci-dessus.

barquettes de porc au piment

Pour **4 personnes**
Préparation **5 minutes**
Cuisson **10 minutes**

1 c. à s. d'**huile d'arachide**
2 gousses d'**ail** émincées
1 grand **piment séché**, épépiné et émincé
200 g de **porc haché**
40 g de **haricots verts** coupés en tronçons de 1 cm
1 c. à s. de **nuoc-mâm**
30 g de **cacahuètes** grillées, grossièrement concassées
1 c. à s. d'**eau**
2 c. à s. de **sauce soja** légère
¼ de c. à c. de **sucre semoule**
8 petites **feuilles de laitue**
sauce sweet chili (aigre-douce au piment) pour servir

Faites chauffer l'huile dans un grand wok à feu moyen. Quand elle est bien chaude, faites revenir quelques secondes l'ail et le piment. Ajoutez le porc haché et faites-le dorer 4 à 5 minutes.

Ajoutez les haricots verts et laissez cuire 1 minute. Ajoutez le nuoc-mâm, les cacahuètes, l'eau, la sauce soja et le sucre puis laissez cuire encore 1 minute. Servez dans des feuilles de laitue accompagné de sauce sweet chili.

Pour des nouilles au bœuf haché et aux oignons verts, suivez les premières étapes de la recette en remplaçant le porc par 200 g de bœuf et les haricots verts par 4 oignons verts coupés en rondelles. À la fin, mélangez avec 200 g de nouilles aux œufs cuites et ajoutez ½ cuillerée à café d'huile de sésame et 2 cuillerées à soupe supplémentaires de sauce soja légère.

porc du Sichuan au tofu

Pour **4 personnes**
Préparation **5 minutes**
Cuisson **15 minutes**

¼ de c. à c. de **grains de poivre du Sichuan**
½ c. à c. de **gros sel de mer**
250 g de **tofu ferme**
huile végétale pour friture
2 c. à s. d'**huile d'arachide**
3 gousses d'**ail** émincées
1 c. à s. de **gingembre frais** haché
300 g de **porc haché**
4 c. à s. de **vin de riz chinois** ou de **xérès sec**
1 c. à s. de **sucre semoule**
1 c. à s. de **sauce aux huîtres**
2 c. à s. de **sauce soja** légère
1 c. à c. d'**huile de sésame**
1 c. à s. de **vinaigre de malt**
½ c. à c. d'**huile aux piments**
4 c. à s. de **bouillon de poule** ou d'**eau**
3 **jeunes poireaux** parés, nettoyés et tranchés en biseau
1 **piment rouge**, épépiné et émincé pour décorer

Placez les grains de poivre dans un wok à sec, à feu moyen, jusqu'à ce qu'ils commencent à éclater et à dégager leur arôme. Puis pilez-les grossièrement dans un mortier avec le sel. Réservez.

Égouttez le tofu et essuyez-le avec du papier absorbant puis découpez-le en 20 cubes de taille égale. Faites chauffer suffisamment d'huile dans le wok pour frire le tofu à 190 °C. Faites frire la moitié du tofu. Lorsqu'il est doré, retirez-le à l'aide d'une écumoire et égouttez-le sur du papier absorbant. Procédez de même avec le reste de tofu puis réservez-le. Videz l'huile et nettoyez le wok avec du papier absorbant.

Faites chauffer l'huile d'arachide dans un wok à feu vif. Quand elle est bien chaude, faites-y dorer l'ail et le gingembre. Versez le porc et faites revenir 2 minutes le temps qu'il devienne opaque sans dorer, puis ajoutez le sel et le poivre grossièrement moulus, le vin de riz, le sucre, la sauce aux huîtres, la sauce soja, l'huile de sésame, le vinaigre de malt, l'huile aux piments, le bouillon et les poireaux. Glissez délicatement le tofu dans le wok en séparant les morceaux, puis laissez frémir à feu doux. Faites chauffer 3 minutes et servez décoré de lamelles de piment.

Pour du porc épicé à la laitue et aux nouilles, suivez la recette ci-dessus, en remplaçant le tofu par 250 g de nouilles aux œufs fines cuites. Servez avec 2 tomates coupées en quatre, 4 oignons verts émincés et quelques feuilles de laitue finement hachées.

porc et chou chinois au piment

Pour **4 personnes**
Préparation **5 minutes**
Cuisson **8 minutes**

2 c. à s. d'**huile d'arachide**
2 gousses d'**ail** émincées
1 c. à s. de **gingembre frais** émincé
300 g de **porc haché**
200 g de **chou chinois** coupé en lanières
3 c. à s. de **vin de riz chinois** ou de **xérès sec**
2 c. à s. de **sauce aux huîtres**
1 c. à c. de **sucre semoule**
1 c. à c. d'**huile de sésame**
1 **piment rouge** épépiné et émincé pour décorer

Faites chauffer l'huile à feu vif. Quand elle est bien chaude, faites revenir l'ail et le gingembre quelques secondes. Ajoutez le porc et faites revenir 2 à 3 minutes pour que la viande soit opaque mais pas dorée.

Ajoutez le chou chinois et laissez cuire 1 minute avant d'ajouter le vin de riz, la sauce aux huîtres et le sucre, puis faites revenir 2 minutes jusqu'à ce que le chou chinois soit tout juste tendre. Incorporez l'huile de sésame et laissez cuire 30 secondes. Servez, décoré de rondelles de piment.

Pour une soupe de porc et de chou chinois, faites revenir l'ail et le gingembre comme ci-dessus. Versez le vin de riz, le sucre et 2 cuillerées à soupe de sauce soja légère et laissez mijoter 1 minute. Ajoutez 1 litre de bouillon de poule et portez à ébullition, puis incorporez le porc, le chou chinois et le piment. Laissez mijoter doucement 10 minutes puis servez avec de l'oignon vert émincé.

porc au gingembre et à la coriandre

Pour **4 personnes**
Préparation **15 minutes**
+ marinade
Cuisson **10 minutes**

1 c. à s. de **graines de coriandre**
2 c. à s. de **gingembre frais** finement haché
2 gousses d'**ail** émincées
2 **piments verts**, épépinés et finement hachés
½ petit **oignon** émincé
1 c. à s. de **miel liquide**
2 c. à s. de **sauce soja**
½ c. à c. de **sel**
500 g de **porc maigre**, coupé en dés de 1,5 cm
4 c. à s. d'**huile végétale**
1 grosse **carotte** coupée en fines rondelles
6 **oignons verts** coupés en tronçons de 1,5 cm
le **jus** de 1 **citron vert**

Passez les graines de coriandre dans le wok 30 secondes à feu moyen jusqu'à ce qu'elles commencent à dégager leur arôme. Retirez-les du feu et pilez-les grossièrement dans un mortier.

Mélangez la coriandre pilée dans un grand bol avec le gingembre, l'ail, les piments, l'oignon, le miel, la sauce soja, le sel et le porc. Couvrez et laissez mariner 2 heures ou toute la nuit au réfrigérateur. Égouttez le porc et essuyez-le avec du papier absorbant. Réservez la marinade.

Faites chauffer la moitié de l'huile à feu vif. Quand elle est bien chaude, faites-y revenir la moitié du porc 2 à 3 minutes. Lorsqu'il est bien doré, transvasez-le dans une assiette. Essuyez le wok avec du papier absorbant et remettez sur le feu. Faites chauffer le reste d'huile et faites revenir le reste du porc de la même façon.

Remettez la viande dans le wok et ajoutez la carotte et la moitié des oignons verts. Faites revenir 1 minute, versez la marinade et mélangez jusqu'à ce que la sauce parvienne à ébullition et enrobe le porc. Pressez le jus de citron vert sur le mélange, ajoutez le reste des oignons verts et servez avec des nouilles, si vous le souhaitez.

Pour des crevettes aux courgettes, gingembre et coriandre, remplacez le porc par 250 g de grosses crevettes décortiquées et la carotte par 1 grosse courgette coupée en rondelles. Suivez la recette comme ci-dessus et terminez avec 1 poignée de feuilles de coriandre fraîche.

porc au miel et au gingembre

Pour **4 personnes**
Préparation **10 minutes**
+ marinade
Cuisson **10 minutes**

500 g de **porc maigre**, coupé en fines tranches
1 c. à c. de **fécule de maïs**
2 c. à c. de **gingembre frais** finement haché
2 c. à s. de **sauce soja**
2 c. à s. de **miel**
2 c. à s. de **vin de riz chinois** ou de **xérès sec**
2 c. à c. de **cinq-épices** en poudre
1 c. à c. d'**huile de sésame**
3 c. à s. d'**huile d'arachide**
1 **poivron vert** évidé, épépiné et coupé en dés
3 **oignons verts** coupés en tronçons de 5 cm
1 c. à s. de **vinaigre de malt**
1 c. à s. de **sauce soja** légère
2 c. à s. d'**eau**
sel et **poivre blanc**
un filet de **jus de citron vert**

Mettez le porc dans un bol et parsemez-le de fécule de maïs. Ajoutez le gingembre, la sauce soja, le miel, le vin de riz, le cinq-épices et l'huile de sésame. Couvrez et laissez mariner 30 minutes ou toute la nuit au réfrigérateur.

Faites chauffer la moitié de l'huile d'arachide dans un wok à feu vif. Égouttez le porc et, quand l'huile est bien chaude, glissez-le dans le wok. Faites revenir 2 minutes, puis retirez à l'aide d'une écumoire. Essuyez le wok avec du papier absorbant. Faites chauffer le reste d'huile et faites revenir le reste du porc.

Ajoutez le porc réservé dans le wok avec le poivron, les oignons verts, le vinaigre, la sauce soja et l'eau, et faites revenir 3 minutes de plus. Assaisonnez de sel et de poivre blanc du moulin, puis ajoutez quelques gouttes de citron vert. Servez avec du riz et des quartiers de citron vert, si vous le souhaitez.

Pour des moules au miel et au gingembre, supprimez le porc et la fécule de maïs et utilisez 1 kg de moules crues, nettoyées. Faites chauffer 1 cuillerée à soupe d'huile d'arachide dans un wok. Ajoutez le gingembre et faites revenir quelques secondes, puis ajoutez la sauce soja, le miel, le vin de riz et l'huile de sésame. Portez à ébullition, versez les moules (retirez celles qui ne se referment pas au toucher) et laissez mijoter, à couvert, 2 à 3 minutes, le temps qu'elles s'ouvrent. (Jetez celles qui restent fermées.) Incorporez les oignons verts, la sauce soja légère et le jus de citron vert puis servez.

curry rouge thaï de porc aux haricots

Pour **4 personnes**
Préparation **10 minutes**
Cuisson **5 minutes**

2 c. à s. d'**huile d'arachide**
1 ½ c. à s. de **pâte de curry rouge thaï** (voir page 80)
375 g de **porc maigre**, coupé en fines lanières
100 g de **haricots verts** coupés en deux
2 c. à s. de **nuoc-mâm**
1 c. à c. de **sucre semoule**
ciboulette chinoise ou **ordinaire** pour décorer

Faites chauffer l'huile à feu moyen dans un wok. Quand elle est bien chaude, ajoutez la pâte de curry et tournez, le temps qu'elle dégage son arôme.

Ajoutez le porc et les haricots verts puis faites revenir 2 à 3 minutes, le temps que la viande soit cuite et les haricots tendres.

Incorporez le nuoc-mâm et le sucre puis servez, garni de ciboulette chinoise ou ordinaire.

Pour un curry vert au poulet et aux pois gourmands, procédez comme ci-dessus en remplaçant la pâte de curry rouge par 1 ½ cuillerée à soupe de pâte de curry vert, le porc par 375 g de blancs de poulet coupés en tranches et les haricots verts par 100 g de pois gourmands coupés. Ajoutez quelques gouttes de jus de citron vert avant de servir.

porc brocolis-champignons

Pour **4 personnes**
Préparation **10 minutes**
Cuisson **10 minutes**

- 1 c. à s. de **graines de sésame**
- 3 c. à s. d'**huile d'arachide**
- 400 g de **porc maigre**, coupé en fines lanières
- 250 g de **brocoli** en petits bouquets
- 150 g de **champignons shiitake** parés, les plus gros coupés en deux
- 3 **jeunes poireaux** parés, nettoyés, coupés en fines rondelles
- 3 c. à s. de **vin de riz chinois** ou de **xérès sec**
- 3 c. à s. de **sauce aux huîtres**
- 2 c. à s. de **vinaigre de malt**
- 1 c. à c. de **sucre semoule**
- 1 c. à c. de **miel liquide**
- ½ c. à c. d'**huile de sésame**
- 1 **piment rouge** émincé

Faites griller les graines de sésame à sec dans un wok à feu moyen, en remuant, jusqu'à ce qu'elles soient dorées. Réservez.

Faites chauffer la moitié de l'huile à feu vif. Quand elle est bien chaude, ajoutez la moitié du porc et faites dorer 2 minutes. Retirez le porc à l'aide d'une écumoire et réservez. Faites chauffer le reste de l'huile et faites revenir le reste du porc de la même façon, puis remettez le tout dans le wok.

Ajoutez le brocoli, les champignons et les poireaux puis faites revenir 2 minutes. Ajoutez le vin de riz, la sauce aux huîtres, le vinaigre de malt, le sucre et le miel puis faites cuire encore 1 minute. Retirez du feu, incorporez les graines de sésame grillées, l'huile de sésame et le piment, puis servez.

Pour un riz aux oignons verts à servir en accompagnement, faites chauffer 1 cuillerée à soupe d'huile d'arachide dans un wok à feu vif. Faites-y revenir rapidement 4 oignons verts émincés, puis versez 250 g de riz cuit froid. Faites revenir jusqu'à ce que le riz soit bien chaud, puis ajoutez ½ cuillerée à café d'huile de sésame et 1 cuillerée à soupe de sauce soja légère. Mélangez puis servez.

travers de porc au cinq-épices

Pour **4 personnes**
Préparation **5 minutes**
+ marinade
Cuisson **50 minutes**

2 gousses d'**ail** finement hachées
2 c. à c. de **gingembre frais** finement haché
2 c. à s. de **vin de riz chinois** ou de **xérès sec**
3 c. à s. de **sauce soja** légère
½ c. à c. de **sel**
½ c. à c. de **cinq-épices** en poudre
1 c. à s. de **cassonade**
1 kg de **travers de porc**, coupé en morceaux de 7 cm de long avec un fendoir
2 c. à s. d'**huile d'arachide**
100 ml d'**eau**
1 **oignon vert** émincé pour décorer

Placez l'ail, le gingembre, le vin de riz, la sauce soja, le sel, le cinq-épices et la cassonade dans un bol puis mélangez pour obtenir une pâte. Roulez les travers de porc dans la marinade avec les mains pour bien les enrober. Couvrez et laissez mariner 1 heure ou toute la nuit au réfrigérateur.

Faites chauffer l'huile d'arachide dans un wok à feu vif. Quand elle est bien chaude, ajoutez les travers de porc et faites-les dorer 4 à 5 minutes, puis versez l'eau dessus. Couvrez et laissez mijoter doucement 40 à 45 minutes jusqu'à ce qu'ils soient délicieusement tendres et dorés. Décorez d'oignon vert émincé.

Pour des travers de porc à la sauce hoisin et au piment, remplacez le cinq-épices de la marinade par 3 cuillerées à soupe de sauce hoisin et 1 cuillerée à café de piment fort moulu. Laissez mariner les travers de porc puis cuisinez-les comme ci-dessus.

volailles & œufs

poulet aux noix de cajou et poivrons

Pour **4 personnes**
Préparation **10 minutes**
Cuisson **15 minutes**

2 c. à s. d'**huile d'arachide**
625 g de **blancs de poulet** sans peau, coupés en morceaux de 2,5 cm
50 g de **noix de cajou**
2 **poivrons rouges** évidés, épépinés et coupés en gros morceaux
2 gousses d'**ail** émincées
6 **oignons verts**, coupés en deux dans le sens de la longueur puis de la largeur
sel

Sauce
1 c. à s. de **vin de riz chinois**
1 c. à c. d'**huile de sésame**
2 c. à s. de **sauce soja** légère
½ c. à c. de **fécule de maïs**
4 c. à s. d'**eau**

Mélangez les ingrédients de la sauce et réservez.

Faites chauffer 1 cuillerée à soupe d'huile d'arachide dans un wok à feu vif. Salez le poulet et faites-en dorer la moitié 2 à 3 minutes. Retirez-le à l'aide d'une écumoire et réservez-le. Faites chauffer le reste de l'huile et faites revenir le reste du poulet. Retirez-le du wok et réservez-le.

Faites revenir les noix de cajou et les poivrons 1 minute dans le wok. Ajoutez l'ail et les oignons verts et laissez cuire encore 1 minute en remuant. Remettez le poulet dans le wok avec la sauce. Laissez 3 à 4 minutes sur le feu, le temps que la viande soit cuite et les poivrons tendres.

Pour un poulet aux noix de cajou, aux poivrons et aux châtaignes d'eau, ajoutez 8 châtaignes d'eau coupées en deux à la troisième étape, en même temps que les poivrons. Une minute plus tard, ajoutez l'ail et les oignons verts et remuez encore 1 minute. Remettez le poulet dans le wok avec la sauce comme ci-dessus. Une minute avant la fin de la cuisson, incorporez 75 g de germes de soja.

poulet au citron

Pour **4 personnes**
Préparation **12 minutes**
+ marinade
Cuisson **8 minutes**

1 **œuf** légèrement battu
2 gousses d'**ail** émincées
2 petits morceaux de **zeste**
+ le **jus** de 1 **citron**
500 g de **blancs de poulet** sans peau, coupés en lanières de 5 mm
2 c. à s. de **fécule de maïs**
1 c. à s. d'**huile de colza** ou **d'olive**
1 **oignon vert** coupé en biais en tronçons de 1,5 cm
rondelles de **citron** pour décorer

Mélangez l'œuf, l'ail et le zeste de citron dans un plat peu profond, ajoutez le poulet et laissez mariner 10 à 15 minutes.

Retirez le zeste de citron de la marinade et ajoutez la fécule de maïs. Mélangez soigneusement afin de bien la répartir sur toute la viande.

Faites chauffer l'huile dans un wok à feu vif. Disposez les lanières de poulet dans le wok, en les espaçant, et faites revenir 2 minutes.

Faites revenir à feu moyen encore 1 minute jusqu'à ce que le poulet soit bien doré et cuit. Augmentez le feu puis versez le jus de citron. Ajoutez l'oignon vert, décorez de rondelles de citron et servez aussitôt.

Pour une salade chaude au poulet citronné et aux herbes, faites cuire le poulet comme indiqué ci-dessus, puis versez-le dans un bol avec ½ concombre coupé en rondelles, des feuilles de coriandre, 6 feuilles de basilic hachées et 50 g de roquette sauvage. Assaisonnez légèrement avec ½ cuillerée à café d'huile de sésame et 1 cuillerée à café d'huile de colza ou d'olive.

curry de poulet aux aubergines

Pour **4 personnes**
Préparation **25 minutes**
Cuisson **25 minutes**

3 c. à s. d'**huile végétale**
2 c. à s. de **pâte de curry rouge thaï** (voir ci-dessous)
300 g de **blancs de poulet**, sans peau, émincés
4 c. à s. de **nuoc-mâm**
3 **feuilles de combava**
600 ml d'**eau**
3 petites **aubergines vertes**, coupées en quatre
125 g de **pousses de bambou** en boîte, coupées en tranches
2 **piments verts** épépinés et émincés + quelques morceaux pour décorer
1 poignée de **feuilles de basilic thaï** pour décorer

Faites chauffer l'huile dans un wok à feu moyen et faites-y revenir la pâte de curry 1 minute. Ajoutez le poulet, le nuoc-mâm et les feuilles de combava puis continuez la cuisson 5 minutes.

Versez l'eau et portez à ébullition, puis baissez le feu avant d'ajouter les aubergines et les pousses de bambou. Mélangez et laissez mijoter 10 minutes en remuant de temps en temps.

Incorporez les piments verts. Décorez de basilic thaï et de rondelles de piment vert. Servez avec du riz, si vous le souhaitez.

Pour préparer une pâte de curry rouge thaï maison, mettez dans un robot 6 piments rouges séchés, épépinés et grossièrement hachés, 2 cuillerées à soupe de citronnelle hachée, 1 cuillerée à soupe d'échalote émincée, 1 cuillerée à soupe d'ail émincé, 1 cuillerée à café de coriandre hachée, 1 cuillerée à café de galanga haché, 1 cuillerée à café de graines de cumin, du sel et de la pâte de crevettes, 2 cuillerées à soupe de graines de coriandre et 6 grains de poivre blanc, puis mixez pour obtenir une pâte épaisse. La pâte se conserve 3 semaines au réfrigérateur dans un récipient hermétique.

curry thaï de poulet aux légumes

Pour **4 personnes**
Préparation **10 minutes**
Cuisson **20 minutes**

2 c. à s. d'**huile d'arachide**
2 c. à s. de **pâte de curry vert thaï** (voir page 112)
625 g de **blancs de poulet**, sans peau, coupés en morceaux
400 ml de **lait de coco**
1 c. à s. de **cassonade**
2 bâtons de **citronnelle**, côté racine écrasé au rouleau à pâtisserie
2,5 cm de **gingembre frais** grossièrement coupé
1 ½ c. à s. de **nuoc-mâm**
le **zeste** de **1 citron vert**
75 g de **pois mange-tout** coupés en biais
125 g de **jeunes épis de maïs** coupés dans le sens de la longueur
1 petite poignée de **feuilles de coriandre** + quelques feuilles pour décorer
le **jus** de 1 **citron vert**

Faites chauffer l'huile dans un wok à feu moyen. Faites-y revenir la pâte de curry vert 1 minute. Ajoutez les morceaux de poulet puis, lorsqu'ils sont bien enrobés de pâte de curry, ajoutez le lait de coco, la cassonade, la citronnelle et le gingembre. Incorporez le nuoc-mâm et le zeste de citron vert, puis portez à ébullition. Réduisez le feu et laissez épaissir légèrement pendant 10 minutes.

Ajoutez les pois mange-tout, le maïs et laissez mijoter encore 5 minutes jusqu'à ce qu'ils soient tendres. Retirez du feu. Ôtez le gingembre et la citronnelle du curry et jetez-les.

Incorporez la coriandre et le jus de citron vert. Laissez le curry refroidir légèrement et décorez de quelques feuilles de coriandre. Servez accompagné de riz, si vous le souhaitez.

Pour un curry vert de légumes, suivez la première étape de la recette, sans le poulet. Utilisez 200 g de pois mange-tout. Incorporez dans le wok, en même temps que ces derniers, 200 g de champignons de Paris, préparés et coupés en deux, et 75 g de petits pois. Faites cuire 3 minutes. Puis ajoutez 125 g de germes de soja et laissez cuire encore 2 minutes. Ôtez le gingembre et la citronnelle, puis incorporez la coriandre et le jus de citron vert puis décorez comme ci-dessus.

poulet kung pao

Pour **4 personnes**
Préparation **12 minutes**
Cuisson **7 minutes**

2 c. à s. d'**huile d'arachide**
2 ou 3 **piments rouges**, épépinés et émincés
2 gousses d'**ail** émincées
400 g de **blancs de poulet**, sans peau, coupés en dés de 1 cm
1 c. à c. de **sauce pimentée aux haricots**
50 g de **pousses de bambou** en boîte, égouttées et coupées en tranches
50 g de **châtaignes d'eau** en boîte, égouttées
1 c. à s. de **vin de riz chinois** ou de **xérès sec**
100 ml de **bouillon de poule** ou d'**eau**
1 c. à c. de **fécule de maïs** délayée dans 1 c. à s. d'**eau**
50 g de **cacahuètes grillées** non salées
2 **oignons verts** coupés en tronçons de 1 cm

Faites chauffer l'huile dans un wok à feu vif. Ajoutez les piments et l'ail et faites revenir quelques secondes.

Ajoutez le poulet et la sauce pimentée aux haricots et faites revenir 2 minutes. Ajoutez ensuite les pousses de bambou, les châtaignes d'eau, le vin de riz et le bouillon puis portez à ébullition. Incorporez doucement la fécule de maïs délayée dans l'eau, en remuant, jusqu'à obtenir une sauce épaisse et transparente.

Ajoutez les cacahuètes et les oignons verts juste avant de servir.

Pour un riz à la noix de coco à servir en accompagnement, versez 200 g de riz thaï au jasmin ou à long grain dans une casserole et ajoutez 50 ml de lait de coco. Couvrez d'eau jusqu'à 2,5 cm au-dessus du riz. Couvrez hermétiquement, portez à ébullition, puis baissez le feu et laissez frémir 10 minutes. Éteignez le feu et laissez la cuisson se poursuivre à la vapeur encore 10 minutes dans la casserole.

poulet aux poireaux et aux asperges

Pour **4 personnes**
Préparation **10 minutes**
Cuisson **12 minutes**

1 c. à c. de **fécule de maïs**
1 c. à c. de **sauce soja**
2 c. à s. d'**eau**
1 c. à s. de **sucre semoule**
1 c. à s. de **vinaigre de malt**
3 c. à s. d'**huile d'arachide**
625 g de **blancs de poulet**, sans peau, coupés en fines lanières
1 c. à s. de **gingembre frais** coupé
1 grosse pincée de **piment séché en paillettes**
1 **poireau** coupé en fines rondelles
300 g d'**asperges** coupées en deux dans le sens de la longueur puis de la largeur
sel et **poivre blanc**

Mélangez la fécule de maïs et la sauce soja en une pâte lisse, puis ajoutez l'eau, le sucre et le vinaigre de malt. Réservez.

Faites chauffer la moitié de l'huile dans un wok à feu vif. Ajoutez les morceaux de poulet, salez et poivrez. Faites dorer 3 à 4 minutes, puis retirez à l'aide d'une écumoire et réservez.

Remettez le wok sur le feu avec le reste d'huile. Ajoutez le gingembre, le piment séché et le poireau puis faites revenir à feu moyen 3 à 4 minutes jusqu'à ce que le poireau commence à être tendre. Incorporez les asperges et laissez cuire encore 1 minute.

Remettez le poulet dans le wok 1 minute. Versez le mélange de fécule de maïs et tournez constamment pour obtenir une sauce épaisse et onctueuse. Accompagnez de riz, si vous le souhaitez.

Pour un bœuf aux poireaux et aux carottes, remplacez le poulet par 600 g de bœuf coupé en fines lanières et faites revenir comme ci-dessus. Remplacez les asperges par 1 grosse carotte coupée en rondelles et faites-la revenir avec le gingembre, le piment et les poireaux, puis ajoutez le bœuf et la pâte de fécule de maïs comme ci-dessus.

poulet à la pâte aux piments brûlés

Pour **4 personnes**
Préparation **7 minutes**
Cuisson **8 minutes**

3 c. à s. d'**huile d'arachide** ou **végétale**
3 ou 4 **piments rouges séchés**, finement hachés
2 gousses d'**ail** émincées
375 g de **blancs de poulet**, sans peau, coupés en dés
2 c. à s. de **nuoc-mâm**
2 c. à s. d'**eau**
2 c. à c. de **sucre**
2 **piments rouges** émincés
10 **feuilles de basilic thaï** + quelques brins pour décorer
4 **feuilles de citron combava** coupées en lanières
125 g de **noix de cajou** grillées

Pâte aux piments brûlés
3 c. à s. d'**huile d'arachide**
1 **oignon rouge** émincé
6 à 8 **piments rouges séchés**, finement hachés
6 gousses d'**ail** émincées
2 c. à s. de **nuoc-mâm**
1 c. à s. d'**eau de tamarin**
2 c. à s. de **sucre brun**

Pour la pâte aux piments brûlés, faites chauffer l'huile et faites-y fondre l'oignon. Retirez-le à l'aide d'une écumoire et réservez-le. Faites noircir les piments dans le wok, puis retirez-les et réservez-les. Faites dorer l'ail, puis retirez-le. Pilez grossièrement les piments brûlés dans un mortier. Ajoutez l'oignon et l'ail et mélangez en une pâte épaisse. Faites chauffer la pâte doucement, 2 à 3 minutes, dans l'huile du wok avec le nuoc-mâm, l'eau de tamarin et le sucre. Remuez sans arrêt, puis retirez du feu.

Faites chauffer l'huile dans le wok à feu vif. Faites revenir les piments séchés et lorsqu'ils ont noirci, retirez-les à l'aide d'une écumoire. Réservez. Faites dorer l'ail émincé dans le wok.

Ajoutez le poulet et faites-le rissoler de tous les côtés. Parsemez de piments émiettés puis ajoutez la pâte aux piments brûlés, le nuoc-mâm, l'eau, le sucre et 1 piment rouge émincé. Faites revenir à feu vif. Ajoutez les feuilles de basilic et de citron combava, les noix de cajou et faites revenir ainsi 1 minute. Garnissez de rondelles de piments rouges et de feuilles de basilic restantes.

Pour des nouilles au bœuf, aux asperges et à la pâte aux piments brûlés, remplacez le poulet par 300 g de bœuf maigre, coupé en lanières, et 200 g de pointes d'asperges coupées en deux dans le sens de la longueur. Suivez la recette comme ci-dessus puis lorsque vous ajoutez les herbes et les noix de cajou, versez également 200 g de nouilles cuites.

poulet cantonnais au citron

Pour **4 personnes**
Préparation **5 minutes**
+ marinade
Cuisson **15 minutes**

1 **œuf**
½ c. à c. de **sel**
3 c. à s. de **fécule de maïs**
5 c. à s. de **vin de riz chinois** ou de **xérès sec**
625 g de **blancs de poulet**, sans peau, coupés en morceaux de 5 cm
huile d'arachide pour friture
100 ml de **bouillon de poule**
le **jus** de 1 **citron**
1 c. à s. de **sucre semoule**
2 gousses d'**ail** émincées
1 c. à c. d'**huile de sésame**

Pour décorer
1 **citron** coupé en tranches
1 **oignon vert** coupé en fines lanières

Mélangez l'œuf, le sel, 2 cuillerées à soupe de fécule de maïs et 2 cuillerées à soupe de vin de riz dans un bol. Incorporez le poulet et laissez mariner 30 minutes.

Versez suffisamment d'huile dans un wok pour frire le poulet puis chauffez à 190 °C. Égouttez le poulet et plongez-en délicatement la moitié dans l'huile. Faites-le frire 2 minutes jusqu'à ce qu'il soit doré et croustillant, puis retirez-le à l'aide d'une écumoire et égouttez-le sur du papier absorbant. Faites frire l'autre moitié de la même façon.

Faites chauffer le bouillon de poule dans un wok à feu vif. Incorporez le jus de citron, le sucre et l'ail ainsi que le restant de fécule de maïs et de vin de riz. Portez à ébullition, puis ajoutez le poulet frit. Faites cuire 1 à 2 minutes, en remuant, jusqu'à ce que la viande soit nappée d'un glaçage onctueux. Incorporez l'huile de sésame et laissez sur le feu encore 1 minute. Garnissez de tranches de citron et de lanières d'oignon vert émincé.

Pour un poulet et pois gourmands à la sauce au citron, filtrez la marinade. Salez le poulet et faites-le revenir 3 minutes dans l'huile d'arachide, en deux fois. Puis remettez tout le poulet dans le wok, versez-y 150 g de pois gourmands coupés en deux et faites revenir 1 minute. Ajoutez la sauce et poursuivez la cuisson le temps qu'elle épaississe et devienne onctueuse.

poulet sauté aux canneberges

Pour **4 personnes**
Préparation **20 minutes**
Cuisson **10 minutes**

2 c. à s. d'**huile végétale** + de l'huile pour la friture
2 **échalotes** émincées
2,5 cm de **gingembre frais** coupé en bâtonnets
2 gousses d'**ail** écrasées
4 **blancs de poulet** de 75 g chacun, sans peau, coupés en morceaux
2 c. à s. de **sauce hoisin**
2 c. à s. de **sauce aux huîtres**
1 c. à s. de **sauce soja** légère
25 g de **canneberges séchées**
4 **oignons verts** coupés en biais
200 g de **légumes** : **germes de soja**, **poivrons rouges** ou **verts** coupés en lanières ou **carottes** coupées en bâtonnets
1 poignée de **feuilles de basilic**
1 grand **piment rouge**, épépiné et émincé

Faites chauffer l'huile dans un wok à feu vif. Quand elle est bien chaude, faites revenir les échalotes, le gingembre et l'ail 30 secondes, puis ajoutez le poulet et faites dorer 2 minutes.

Ajoutez la sauce hoisin, la sauce aux huîtres, la sauce soja et les canneberges séchées, et faites revenir 2 minutes. Vérifiez la cuisson du poulet, puis ajoutez les oignons verts et les légumes. Faites sauter pendant 3 à 4 minutes.

Faites chauffer 1 cm d'huile dans une petite casserole et faites frire les feuilles de basilic et le piment rouge, 10 à 30 secondes, en deux fois, jusqu'à ce qu'ils soient croustillants. Parsemez le sauté de ce mélange croustillant.

Pour un sauté de poulet aux canneberges plus « light », omettez la garniture frite et remplacez la sauce hoisin et la sauce aux huîtres par 2 cuillerées à soupe de bouillon de poule mélangées à 2 cuillerées à soupe de sauce soja et 2 cuillerées à soupe de vin de riz chinois. Incorporez à la recette ¼ de cuillerée à café de fécule de maïs dans la deuxième étape en même temps que la sauce soja et les canneberges séchées.

œufs à la sauce aux huîtres

Pour **2 personnes**
Préparation **5 minutes**
Cuisson **5 minutes**

4 gros **œufs**
1 c. à c. de **gingembre frais** haché
½ c. à c. d'**huile de sésame**
4 c. à s. d'**huile d'arachide**
1 c. à s. de **sauce aux huîtres**

Pour décorer
2 **oignons verts** coupés en fines rondelles
1 **piment rouge** coupé en fins anneaux

Cassez les œufs dans un bol et, sans abîmer les jaunes, incorporez délicatement le gingembre et l'huile de sésame.

Faites chauffer la moitié de l'huile d'arachide dans un wok à feu vif. Quand elle est bien chaude, versez-y la moitié de la préparation à l'œuf et faites cuire 2 minutes jusqu'à ce que le dessous soit croustillant et doré.

Videz délicatement l'huile du wok et remettez-le sur le feu. Faites cuire 1 minute pour que les œufs soient bien croustillants. Puis glissez-les sur un plat avec les jaunes encore mous. Faites de même avec le reste de préparation.

Arrosez de sauce aux huîtres et garnissez d'oignons verts et de piment.

Pour une omelette chinoise, mélangez doucement les œufs avec le gingembre et l'huile de sésame comme décrit ci-dessus. Salez, puis incorporez 75 g de germes de soja et 2 oignons verts émincés. Faites cuire les œufs 2 minutes dans l'huile d'arachide comme ci-dessus, retournez-les avec une spatule et faites cuire encore 2 minutes. Servez, parsemé de coriandre fraîche.

poulet aux asperges

Pour **4 personnes**
Préparation **20 minutes**
Cuisson **15 minutes**

2 c. à s. d'**huile de colza** ou **d'olive**
2 gousses d'**ail** écrasées
2 c. à s. de **citronnelle** finement hachée
2 c. à c. de **gingembre frais** finement haché
1 **oignon** émincé
500 g de **blancs de poulet**, sans peau, coupés en lanières
300 g de **tomates** coupées en morceaux
350 g d'**asperges** coupées en deux dans le sens de la longueur puis de la largeur
1 c. à s. de **sauce shoyu** ou **tamari**
½ c. à c. de **poivre noir**
1 poignée de **feuilles de basilic thaï** pour décorer

Faites chauffer l'huile dans un wok à feu vif. Quand elle est bien chaude, faites revenir l'ail, la citronnelle, le gingembre et l'oignon environ 5 minutes.

Ajoutez le poulet et faites revenir 5 à 7 minutes jusqu'à ce qu'il soit doré et cuit.

Ajoutez les tomates, les asperges, la sauce shoyu ou tamari et le poivre noir. Faites revenir 2 à 3 minutes pour réchauffer. Décorez de feuilles de basilic thaï.

Pour un poulet à la citronnelle, aux champignons et aux germes de soja, remplacez les asperges par 200 g de champignons de Paris préparés et 75 g de germes de soja. Ajoutez-les dans le wok en même temps que les tomates, la sauce shoyu ou tamari et le poivre.

poulet fumé à la moutarde

Pour **4 personnes**
Préparation **10 minutes**
Cuisson **20 minutes**

1 c. à s. de **moutarde à l'ancienne**
1 c. à s. d'**huile d'olive vierge extra**
4 **blancs de poulet** de 175 g chacun
150 g de **riz** non cuit
75 g de **feuilles de thé Earl Grey**
sel et **poivre noir**

Pour la salsa verde
1 poignée de **feuilles de persil plat**
1 poignée de **feuilles de menthe**
1 poignée de **feuilles de basilic**
1 c. à c. de **câpres**
2 **anchois à l'huile**
1 gousse d'**ail** écrasée
4 c. à s. d'**huile d'olive**
1 c. à s. de **vinaigre de vin rouge**

Mélangez la moutarde et l'huile d'olive, salez et poivrez. Enduisez le poulet de ce mélange et réservez.

Préparez le wok pour fumer : tapissez-le de papier d'aluminium et ajoutez le riz et les feuilles de thé mélangés. Faites-le chauffer à feu vif, à couvert, avec une grille circulaire à l'intérieur jusqu'à ce que la fumée apparaisse.

Retirez le couvercle et disposez rapidement le poulet sur la grille. Couvrez et laissez 3 minutes à feu vif, puis faites cuire encore 10 minutes à feu moyen. Éteignez et laissez le poulet dans le wok 5 minutes de plus, le temps de préparer la salsa verde.

Mixez tous les ingrédients de la salsa verde dans un petit robot de cuisine ou hachez-les finement à la main. Versez dans un bol et assaisonnez à votre goût. Servez le poulet chaud ou à température ambiante, avec la salsa verde à part, accompagné de brocolis vapeur, si vous le souhaitez.

Pour du poulet fumé au fenouil et au miel, enduisez les blancs de poulet de 2 cuillerées à soupe de miel liquide, salé et poivré. Préparez le wok pour fumer comme ci-dessus en remplaçant le thé Earl Grey par le contenu de 10 sachets d'infusion au fenouil et ajoutez le zeste de 2 citrons. Faites cuire le poulet comme ci-dessus.

canard à l'orientale aux ananas

Pour **4 personnes**
Préparation **20 minutes**
Cuisson **1 h 10**

1 **canard** de 2 kg, prêt à cuire
1,2 litre d'**eau**
3 c. à s. de **sauce soja**
1 **ananas** mûr
2 c. à c. d'**huile de sésame**
2 **piments verts**, épépinés et émincés
1 grosse gousse d'**ail** écrasée
250 g de **châtaignes d'eau** en boîte, égouttées et coupées en morceaux
1 poignée d'**oignons verts** coupés en biais

Coupez le canard en deux dans le sens de la longueur à l'aide de ciseaux et d'un couperet à viande. Disposez les deux moitiés dans un wok et versez l'eau, puis ajoutez 1 cuillerée à soupe de sauce soja. Couvrez le wok et portez à ébullition. Réduisez le feu et laissez mijoter pendant 1 heure.

Préparez l'ananas pendant la cuisson du canard : coupez les feuilles et le trognon. Épluchez-le et ôtez tous les yeux, puis coupez-le en deux dans le sens de la longueur et retirez le cœur dur. Coupez des tranches et réservez.

Retirez le canard du bouillon à l'aide d'une écumoire et réservez. Videz le bouillon et nettoyez le wok. Une fois le canard un peu refroidi, désossez-le et tranchez la viande.

Faites chauffer l'huile de sésame dans le wok à feu vif. Quand elle est bien chaude, faites revenir jusqu'à dorer légèrement les piments, l'ail et le canard, puis ajoutez les châtaignes d'eau et l'ananas et poursuivez la cuisson 1 à 2 minutes. Incorporez le reste de sauce soja et de jus de l'ananas puis parsemez d'oignons verts. Laissez sur le feu encore 1 minute puis servez.

Pour un canard épicé à l'orange, coupez le canard en deux et disposez-le dans un wok avec 1 litre d'eau, 200 ml de sauce soja, 2 étoiles de badiane, 1 bâton de cannelle, 5 clous de girofle et le zeste de 1 orange. Complétez la recette comme ci-dessus en remplaçant l'ananas par des tranches d'orange.

curry thaï au canard

Pour **4 personnes**
Préparation **10 minutes**
Cuisson **8 minutes**

2 c. à s. d'**huile d'arachide**
1 ½ c. à s. de **pâte de curry rouge** (voir page 80)
200 g de **magret de canard** coupé en tranches fines
1 ½ c. à s. de **nuoc-mâm**
200 ml de **bouillon de poule**
½ c. à c. de **cassonade**
75 g de petites **aubergines thaïes**
50 g de **haricots verts** coupés en tronçons de 2,5 cm
4 **jeunes épis de maïs** coupés en tronçons de 2,5 cm
2,5 cm de **galanga** coupé en tranches
3 **feuilles de citron combava** coupées en lanières
1 poignée de **basilic thaï**
2 c. à s. de **grains de poivre vert**

Faites chauffer l'huile dans un wok à feu vif. Quand elle est bien chaude, faites revenir la pâte de curry quelques secondes le temps qu'elle embaume, puis ajoutez le canard et le nuoc-mâm. Faites revenir le temps de bien mélanger.

Versez le bouillon de poule et portez à ébullition, puis ajoutez la cassonade, les aubergines, les haricots verts, le maïs, le galanga, les feuilles de combava, le basilic et le poivre vert. Laissez frémir 3 à 4 minutes jusqu'à ce que les légumes soient tout juste tendres.

Pour un curry de bœuf à la noix de coco avec des carottes et des haricots verts, remplacez le magret de canard par 200 g de bœuf maigre, coupé en lanières, et le bouillon de poule par 200 ml de lait de coco en boîte et faites cuire comme ci-dessus. Ajoutez 200 g de carottes coupées en bâtonnets à la place des petites aubergines et des jeunes épis de maïs.

salade de magret de canard sauté

Pour **4 personnes**
Préparation **10 minutes**
Cuisson **10 minutes**

3 c. à s. d'**huile d'arachide**
500 g de **magret de canard**, sans peau, coupé en fines tranches
1 **carotte**
10 cm de **concombre**
150 g de **laitue iceberg** coupée en lanières
1 branche de **céleri** coupée en rondelles en biais
4 **oignons verts** émincés en biais
1 poignée de **feuilles de menthe** coupées en lanières
sel et **poivre noir**

Assaisonnement
3 c. à s. d'**huile d'olive** légère
2 c. à s. de **vinaigre de malt**
2 c. à s. de **sauce soja** légère
2 c. à c. de **sucre muscovado** allégé

Faites chauffer l'huile dans un wok à feu vif. Quand elle est bien chaude, faites-y dorer la moitié du canard salé et poivré 2 minutes de façon qu'il reste rosé au centre. Retirez les morceaux de canard à l'aide d'une écumoire et nettoyez le wok avec du papier absorbant. Faites chauffer le reste d'huile et faites revenir le reste du canard.

Transvasez le canard dans un grand bol avec les ingrédients de l'assaisonnement. Laissez mariner pendant que vous préparez le reste de la salade.

Avec un épluche-légumes, faites de longs rubans dans la longueur de la carotte, fins comme du papier. Coupez le concombre en deux dans le sens de la longueur et retirez les graines avec une cuillère. Posez sur une planche à découper, côté coupé vers le bas, et tranchez finement en biais. Mettez la carotte et le concombre dans un grand bol puis ajoutez la laitue, le céleri, les oignons verts et la menthe.

Laissez le canard refroidir complètement dans l'assaisonnement puis versez-le sur la salade préparée.

Pour une salade croustillante aux noix de Saint-Jacques, faites revenir 12 noix de Saint-Jacques 4 minutes dans 2 cuillerées à soupe d'huile d'arachide dans un wok jusqu'à ce qu'elles soient dorées mais légèrement crues au centre. Laissez-les refroidir dans l'assaisonnement puis ajoutez-les à la salade.

canard à la sauce hoisin

Pour **4 personnes**
Préparation **15 minutes**
+ marinade
Cuisson **8 minutes**

500 g de **magret de canard** avec la peau, paré, coupé en fines tranches
2 gousses d'**ail** émincées
3 c. à s. de **sauce hoisin**
1 ½ c. à s. de **vinaigre de malt**
1 c. à s. de **vin de riz chinois** ou de **xérès sec**
1 c. à s. de **sauce soja** légère
1 c. à c. de **sucre semoule**
1 **piment rouge**, épépiné et finement haché
1 c. à c. de **cinq-épices** en poudre
½ c. à c. de **sel**
2 c. à s. d'**huile d'arachide**

Pour décorer
5 cm de **concombre** coupé en deux, épépiné puis détaillé en lanières
3 **oignons verts** coupés en fines lanières

Placez le canard dans un bol avec l'ail, la sauce hoisin, le vinaigre, le vin de riz, la sauce soja, le sucre, le piment, le cinq-épices et le sel. Mélangez bien puis laissez mariner à couvert 30 minutes au réfrigérateur.

Faites chauffer la moitié de l'huile d'arachide dans un wok à feu vif. Quand elle est bien chaude, versez-y la moitié du canard avec sa marinade et faites revenir 3 minutes jusqu'à ce qu'il soit cuit mais légèrement rosé au centre. Retirez le canard à l'aide d'une écumoire et videz tout le surplus de graisse, puis nettoyez le wok avec du papier absorbant. Faites chauffer le reste d'huile et faites revenir le reste du canard de la même façon.

Servez le canard avec les lanières de concombre et d'oignons verts.

Pour du canard à la sauce hoisin et aux légumes, faites chauffer 1 cuillerée à soupe d'huile d'arachide dans un wok et faites revenir 250 g de rondelles de carottes 2 à 3 minutes. Retirez les légumes à l'aide d'une écumoire puis faites cuire le canard comme ci-dessus. Remettez le canard et les légumes dans le wok et faites revenir 1 minute. Servez avec des oignons verts mais sans concombre.

poulet au gingembre et au miel

Pour **4 personnes**
Préparation **15 minutes**
+ trempage
Cuisson **10 à 15 minutes**

2 c. à s. d'**huile végétale**
3 **blancs de poulet**, sans peau, hachés
3 **foies de poulet** hachés
1 **oignon** émincé
3 gousses d'**ail** écrasées
2 c. à s. de **champignons noirs séchés** (oreilles-de-Judas), réhydratés 20 minutes dans de l'eau chaude, puis égouttés
2 c. à s. de **sauce soja** légère
1 c. à s. de **miel**
50 g de **gingembre frais** finement haché
5 **oignons verts** hachés
1 **piment rouge**, épépiné et coupé en fines lanières pour décorer

Faites chauffer l'huile dans un wok à feu moyen et ajoutez les blancs et les foies de poulet hachés. Faites revenir 5 minutes, puis retirez à l'aide d'une écumoire et réservez.

Faites fondre l'oignon à feu doux. Retirez-en la moitié et réservez. Ajoutez l'ail et les champignons égouttés et faites revenir 1 minute. Remettez le poulet et les foies dans le wok.

Mélangez la sauce soja et le miel dans un bol, puis versez sur le poulet et mélangez bien. Ajoutez le gingembre et faites revenir 2 à 3 minutes. Pour finir, parsemez d'oignons verts et garnissez avec la moitié de l'oignon réservé et des lamelles de piment rouge. Servez sans attendre accompagné de nouilles de riz, si vous le souhaitez.

Pour un canard au gingembre et au miel, remplacez le blanc et les foies de poulet par 4 magrets de canard détaillés en tranches. Suivez la recette en ajoutant un pak choi ou ½ chou nappa coupé en lanières dans le wok en même temps que le gingembre.

poulet sauté au sésame

Pour **4 personnes**
Préparation **10 minutes**
+ marinade
Cuisson **10 minutes**

500 g de **blancs de poulet**, sans peau, coupés en fines lanières
le **jus** de 1 **citron vert**
½ c. à s. d'**huile de sésame**
3 c. à s. de **graines de sésame**
3 c. à s. d'**huile d'arachide**
1 **poivron rouge**, épépiné et coupé en lanières
1 **poivron jaune**, épépiné et coupé en lanières
2 **cœurs de pak choi**, feuilles séparées
½ c. à s. de **sauce soja** légère
1 c. à s. de **sauce sweet chili** (sauce aigre-douce au piment)
sel

Faites mariner le poulet 30 minutes dans le jus de citron vert et l'huile de sésame. Séchez-le en le tapotant avec du papier absorbant et salez. Versez les graines de sésame dans une assiette et roulez-y les morceaux de poulet pour les en recouvrir.

Faites chauffer la moitié de l'huile dans un wok à feu vif. Quand elle est bien chaude, versez-y le poulet et faites dorer 2 à 3 minutes, puis transvasez-le dans une assiette.

Remettez le wok sur le feu et nettoyez-le avec du papier absorbant. Ajoutez le reste d'huile et lorsqu'elle est chaude, faites revenir les poivrons et le pak choi 2 minutes. Incorporez la sauce soja et la sauce sweet chili et, 1 minute plus tard, remettez le poulet et faites revenir 1 à 2 minutes jusqu'à ce que le tout soit bien chaud.

Pour du porc au sésame à la sauce satay, portez à ébullition 4 cuillerées à soupe de beurre de cacahuètes avec les morceaux, 4 cuillerées à soupe de lait de coco, 1 piment rouge épépiné et haché et 1 cuillerée à soupe de nuoc-mâm dans une petite casserole. Laissez frémir 2 à 3 minutes pour épaissir. Enrobez 500 g de petits morceaux de porc maigre de graines de sésame, comme ci-dessus, puis faites revenir 4 à 5 minutes à feu moyen. Servez, accompagné de la sauce refroidie.

curry vert thaï de poulet

Pour **4 personnes**
Préparation **25 minutes**
Cuisson **25 minutes**

2 c. à s. d'**huile d'arachide**
2,5 cm de **gingembre frais** finement haché
2 **échalotes** émincées
4 c. à s. de **pâte de curry vert thaï** (voir ci-contre)
625 g de **cuisses de poulet**, désossées, sans peau, coupées en morceaux de 5 cm
300 g de **lait de coco** en boîte
4 c. à s. de **nuoc-mâm**
1 c. à c. de **sucre brun**
3 **feuilles de citron combava** ciselées
1 **piment vert**, épépiné et émincé
sel et **poivre noir**
ail frit émincé pour décorer

Faites chauffer l'huile dans un wok à feu doux. Faites-y fondre le gingembre et les échalotes 3 minutes. Ajoutez la pâte de curry et faites revenir 2 minutes.

Ajoutez le poulet et mélangez bien pour le napper de pâte épicée. Faites revenir 3 minutes pour fixer le nappage, puis incorporez le lait de coco et portez à ébullition. Réduisez le feu et faites mijoter le curry à feu doux 10 minutes, en remuant de temps en temps, afin que le poulet soit cuit et la sauce épaissie.

Incorporez le nuoc-mâm, le sucre brun, les feuilles de combava et le piment. Poursuivez la cuisson 5 minutes, puis salez et poivrez à votre goût. Garnissez le curry d'ail frit et accompagnez-le de nouilles de riz moyennes, si vous le souhaitez.

Pour une pâte de curry vert thaï maison, mettez dans un robot 15 petits piments verts, 4 gousses d'ail coupées en deux, 2 feuilles de citron combava, 2 bâtons de citronnelle finement hachés, 2 échalotes hachées, 50 g de feuilles de coriandre avec leurs tiges, 2,5 cm de gingembre frais haché, 2 cuillerées à soupe de graines de coriandre, 1 cuillerée à café de grains de poivre noirs, 1 cuillerée à café de zeste de citron vert finement râpé, ½ cuillerée à café de sel et 2 cuillerées à soupe d'huile d'arachide. Mixez en une pâte épaisse. La pâte se conserve 3 semaines au réfrigérateur dans un récipient hermétique.

ailes de poulet croustillantes

Pour **4 personnes** en entrée
Préparation **5 minutes**
Cuisson **18 minutes**

125 g de **farine**
1 c. à s. de **piment fort moulu**
½ c. à c. de **sel**
12 **ailes de poulet**
huile végétale pour friture
1 **piment rouge** coupé en lamelles
3 **oignons verts** émincés
1 c. à s. de **gingembre frais** haché
quartiers de **citron vert** pour servir

Mettez la farine, le piment moulu et le sel dans un grand bol et mélangez bien. Ajoutez les ailes de poulet et enrobez-les de ce mélange.

Versez suffisamment d'huile dans le wok pour frire le poulet et chauffez à 190 °C. Faites frire 6 ailes de poulet 6 à 7 minutes, en les tournant dans l'huile, jusqu'à ce qu'elles soient dorées et croustillantes, puis retirez-les à l'aide d'une écumoire et égouttez-les sur du papier absorbant. Faites frire le reste des ailes de la même façon.

Glissez le piment, les oignons verts et le gingembre dans l'huile à l'aide d'une écumoire. Saisissez-les jusqu'à ce qu'ils soient croustillants et le piment d'une couleur rouge vif. Égouttez-les sur du papier absorbant.

Empilez les ailes de poulet sur un plat de service. Parsemez de piment, d'oignons verts et de gingembre croustillants, et servez accompagné de quartiers de citron vert.

Pour préparer un dip de piment aigre-doux à servir avec les ailes de poulet, coupez 9 tranches de concombre et hachez-les menu. Mélangez-les dans un bol avec 1 cuillerée à soupe de coriandre hachée, le zeste râpé de 1 citron vert et 1 cuillerée à café de nuoc-mâm. Incorporez 5 cuillerées à soupe de sauce sweet chili.

poulet aux pousses de bambou

Pour **4 personnes**
Préparation **10 minutes**
Cuisson **15 minutes**

250 ml de **bouillon de poule**
400 g de **blancs de poulet**, sans peau, coupés en dés
2 c. à s. de **sauce aux haricots jaunes**
200 g de **carottes** coupées en rondelles
200 g de **pousses de bambou** en tranches, en boîte, égouttées
1 c. à c. de **fécule de maïs** délayée dans 2 c. à s. d'**eau**
125 g de **noix de cajou** grillées
1 **oignon vert** émincé

Faites chauffer le bouillon de poule dans un wok. Ajoutez le poulet et portez le bouillon à ébullition en remuant, puis baissez le feu et laissez cuire 5 minutes. Retirez le poulet à l'aide d'une écumoire et réservez-le.

Versez la sauce aux haricots jaunes dans le wok et faites chauffer 2 minutes. Ajoutez les carottes et les pousses de bambou et laissez cuire 2 minutes.

Remettez le poulet dans le wok, portez la sauce à ébullition et laissez épaissir en ajoutant la fécule de maïs délayée dans l'eau. Incorporez les noix de cajou et l'oignon vert juste avant de servir.

Pour un curry doux de poulet aux cacahuètes, faites cuire le poulet comme indiqué ci-dessus. Remplacez la sauce aux haricots jaunes par ½ cuillerée à soupe de pâte de curry de Madras et laissez cuire 2 minutes. Ajoutez les carottes avec 200 g de brocoli à la place des pousses de bambou. Poursuivez les indications de la recette. Pour terminer, incorporez 125 g de cacahuètes grillées concassées à la place des noix de cajou et 2 oignons verts émincés.

foies de poulet aux haricots verts

Pour **4 personnes**
Préparation **15 minutes**
Cuisson **8 minutes**

500 g de **foies de poulet**
5 c. à s. d'**huile d'arachide**
3 **échalotes** émincées
½ c. à c. de **gingembre frais** haché
2 gousses d'**ail** émincées
1 **piment vert** finement haché
75 g de **haricots verts** coupés en tronçons de 1 cm
½ c. à c. de **sucre semoule**
1 c. à s. de **vinaigre de malt**
1 c. à s. de **vin de riz chinois** ou de **xérès sec**
2 c. à s. de **sauce aux huîtres**
2 poignées de feuilles de **laitue iceberg** coupées en lanières
sel et **poivre noir**
piment séché en paillettes pour servir

Ôtez les membranes blanches des foies de poulet et essuyez ces derniers avec du papier absorbant. Salez et poivrez légèrement puis réservez.

Faites chauffer l'huile dans un wok à feu vif. Quand elle est bien chaude, versez-y les échalotes et saisissez-les rapidement. Ajoutez le gingembre, l'ail et le piment et faites sauter le temps que les ingrédients soient croustillants mais pas trop noirs, puis retirez-les à l'aide d'une écumoire et égouttez-les sur du papier absorbant.

Saisissez la moitié des foies à feu vif 1 minute de chaque côté pour tout juste dorer. Réservez-les et faites revenir le reste de foies de la même façon, en ajoutant de l'huile si nécessaire.

Remettez tous les foies dans le wok, ajoutez les haricots verts et faites revenir 1 minute. Incorporez les ingrédients restants et continuez la cuisson jusqu'à ce que les foies soient enrobés d'une sauce épaisse.

Transvasez dans un plat de service avec la laitue coupée en lanières et parsemez avec le mélange d'échalotes croustillantes. Servez, accompagné d'un petit bol de piment séché en paillettes.

Pour une salade de foies de poulet chaude, faites cuire les foies comme ci-dessus. Puis versez dans un bol avec 75 g de cresson, 10 rondelles de concombre et 1 cuillerée à soupe de graines de sésames grillées. Servez en entrée ou en repas léger.

cailles au cinq-épices

Pour **4 personnes**
Préparation **10 minutes**
Cuisson **15 minutes**

4 **cailles** de 125 g chacune
1 c. à s. de **cinq-épices** en poudre
½ c. à c. de **sel**
2 c. à s. de **fécule de maïs**
4 c. à s. de **farine**
huile végétale pour friture
2 gousses d'**ail** émincées
1 c. à c. de **gingembre frais** finement haché
3 c. à s. de **sauce soja**
3 c. à s. de **jus d'orange**
2 c. à s. de **vin de riz chinois** ou de **xérès sec**
4 c. à s. d'**eau**
1 c. à s. de **sucre brun**
le **jus** de 1 **citron vert**

Pour décorer
3 **oignons verts** émincés
le **zeste** de 1 **orange**
quartiers de **citron vert**

Coupez les cailles en quatre à l'aide d'un couperet ou de ciseaux de cuisine. Mélangez le cinq-épices, le sel, la fécule de maïs et la farine dans un grand bol et mettez-y les morceaux de caille.

Versez suffisamment d'huile dans le wok pour frire les cailles et faites chauffer à 190 °C. Faites frire la moitié des morceaux de cailles 4 à 5 minutes jusqu'à ce qu'ils soient dorés et croustillants puis retirez-les à l'aide d'une écumoire et égouttez-les sur du papier absorbant. Faites frire le reste des cailles et réservez-les.

Videz l'huile en conservant 1 cuillerée à soupe. Remettez le wok sur le feu et ajoutez l'ail et le gingembre en remuant bien. Versez la sauce soja, le jus d'orange, le vin de riz et l'eau. Incorporez le sucre et lorsqu'il est dissous, ajoutez les morceaux de caille frits. Faites cuire en roulant les morceaux pour bien les enrober de sauce onctueuse, puis retirez du feu et arrosez de jus de citron vert. Parsemez d'oignons verts et de zeste d'orange. Servez, accompagné des quartiers de citron vert.

Pour une salade d'orange, de fenouil et de radis à servir en accompagnement, coupez le fenouil en très fines lamelles à l'aide d'un épluche-légumes. Mettez-les dans un bol avec les quartiers de 1 orange, 4 radis coupés en fines lamelles, ¼ de cuillerée à café d'huile de sésame, 1 cuillerée à café d'huile d'olive légère et 1 pincée de sel. Ajoutez quelques gouttes de jus de citron vert sur ce lit de salade pour les cailles.

poissons & crustacés

loup de mer vapeur aux agrumes

Pour **4 personnes**
Préparation **15 minutes**
Cuisson **20 minutes**

1 **bar** ou **loup de mer** entier de 800 à 900 g, écaillé et évidé
50 ml de **bouillon de poule** ou d'**eau**
50 ml de **vin de riz chinois** ou de **xérès sec**
le **zeste** de 1 petite **orange** coupé en fines lanières
2,5 cm de **gingembre frais** émincé
1 c. à c. de **sucre semoule**
3 c. à s. de **sauce soja** légère
½ c. à c. d'**huile de sésame**
1 gousse d'**ail** émincée
3 **oignons verts** émincés
1 c. à s. d'**huile d'arachide**

Pratiquez 3 incisions en diagonale sur les flancs du poisson avec un couteau aiguisé, puis 3 autres en sens inverse pour obtenir un motif en damier.

Coupez un grand bout de papier d'aluminium, 1,5 fois plus long que le poisson. Posez le bar au milieu et relevez légèrement les côtés. Arrosez de bouillon et de vin de riz puis parsemez de zestes d'orange et de la moitié du gingembre.

Posez une grille circulaire dans le wok et versez de l'eau jusqu'à la limite de la grille. Couvrez et portez à ébullition. Déposez le bar dans son enveloppe ouverte sur la grille, couvrez et laissez cuire à la vapeur 15 à 18 minutes jusqu'à ce que la chair dans les incisions apparaisse opaque. Retirez délicatement le poisson de la grille et posez-le sur un plat de service.

Mélangez le sucre avec la sauce soja et l'huile de sésame dans un bol et arrosez-en le poisson, parsemez d'ail, d'oignons verts et du reste de gingembre.

Faites chauffer l'huile d'arachide dans une petite poêle à feu vif jusqu'à ce qu'elle fume, puis versez sur le bar. Cela rendra les oignons verts et le gingembre croustillants et rehaussera leur arôme. Servez aussitôt.

saint-jacques citron-gingembre

Pour **3 ou 4 personnes**
Préparation **10 minutes**
Cuisson **10 minutes**

15 g de **beurre**
2 c. à s. d'**huile végétale**
8 **noix de Saint-Jacques** coupées en grosses tranches
½ botte d'**oignons verts** coupés en fines rondelles en biais
½ c. à c. de **curcuma moulu**
3 c. à s. de **jus de citron**
2 c. à s. de **vin de riz chinois** ou de **xérès sec**
2 morceaux de **gingembre au sirop** en boîte, hachés
sel et **poivre**

Faites chauffer le wok. Ajoutez le beurre et 1 cuillerée à soupe d'huile puis faites chauffer à feu doux jusqu'à ce que ça mousse. Faites revenir les tranches de noix de Saint-Jacques 3 minutes, puis retirez-les à l'aide d'une écumoire et réservez-les sur une assiette.

Remettez le wok à feu moyen et faites chauffer le reste d'huile. Quand elle est bien chaude, faites revenir les oignons verts et le curcuma quelques secondes. Ajoutez le jus de citron et le vin de riz, portez à ébullition, puis incorporez le gingembre.

Remettez les saint-jacques et leur jus dans le wok puis tournez jusqu'à ce qu'elles soient chaudes. Salez et poivrez à votre goût puis servez sans attendre.

Pour une salade de fenouil et de carottes à servir en accompagnement, coupez de fines lamelles de fenouil et de carottes avec un épluche-légumes. Versez dans un bol avec 1 poignée de feuilles de coriandre, le jus de ½ citron et ½ cuillerée à café d'huile de sésame.

lotte et gambas aigres-douces

Pour **4 personnes**
Préparation **10 minutes**
Cuisson **7 minutes**

300 g de **queue de lotte** coupée en morceaux
200 g de grosses **gambas crues**, décortiquées
2 c. à s. d'**huile d'arachide**
1 c. à s. de **gingembre frais** haché
200 g de **carottes** coupées en bâtonnets
200 g de **pois gourmands** coupés en deux
4 **oignons verts** émincés
sel et **poivre noir**

Sauce aigre-douce
150 ml de **bouillon de poisson** ou **de légumes**
2 ½ c. à s. de **sauce soja** légère
2 c. à c. de **concentré de tomates**
1 c. à s. de **vinaigre de cidre**
2 c. à c. de **sucre semoule**
2 c. à c. de **fécule de maïs**
½ c. à c. de **sel**

Mélangez tous les ingrédients de la sauce. Salez et poivrez la lotte et les gambas.

Faites chauffer l'huile dans un wok à feu vif. Ajoutez le poisson et les gambas puis faites cuire 2 minutes, en tournant délicatement la lotte de temps en temps, puis versez le gingembre, les carottes, les pois gourmands et les oignons verts.

Faites frire 30 secondes, puis ajoutez la sauce aigre-douce et portez à ébullition. Baissez le feu et laissez frémir 2 à 3 minutes jusqu'à ce que les légumes soient juste tendres et le poisson et les gambas bien cuits. Servez aussitôt.

Pour de la lotte et des crevettes aromatiques, faites cuire le poisson comme ci-dessus. Omettez l'étape de l'adjonction de la sauce aigre-douce. Faites revenir 2 minutes de plus, puis retirez du feu et versez 1 poignée de coriandre et de menthe coupées et le jus de 1 citron vert.

fruits de mer sautés aux légumes

Pour **4 personnes**
Préparation **18 minutes**
Cuisson **10 minutes**

250 g de **moules crues**
250 g de **châtaignes d'eau**, pelées, coupées en tranches épaisses
1 c. à s. de **sucre semoule**
½ c. à c. de **poivre noir**
2 c. à s. d'**huile végétale**
1 **oignon blanc** doux, émincé
125 g de grosses **gambas crues**, décortiquées
4 **oignons verts** nettoyés, coupés en biais
½ c. à c. de **piment séché en paillettes** + un peu pour décorer
125 g de **pois gourmands** parés, coupés en deux en biais
125 g de **germes de soja**
3 c. à s. de **sauce soja** légère
2 c. à s. de **sauce aux haricots jaunes**
2 c. à s. de **vin de riz chinois** ou de **xérès sec**
brins de **cerfeuil** pour décorer

Nettoyez soigneusement les moules sous le robinet d'eau froide. Retirez tous les filaments et rincez de nouveau. Tapotez délicatement les moules entrouvertes et jetez celles qui ne se ferment pas.

Saupoudrez les châtaignes d'eau de sucre et de poivre puis réservez-les.

Faites chauffer l'huile dans un wok à feu vif. Quand elle est bien chaude, faites revenir rapidement l'oignon et les moules pendant 1 minute. Couvrez et laissez 3 à 4 minutes le temps pour les moules de s'ouvrir. Jetez celles qui ne s'ouvrent pas.

Ajoutez les châtaignes d'eau, les gambas, les oignons verts, le piment séché en paillettes, les pois gourmands et les germes de soja puis faites revenir jusqu'à ce que les gambas soient roses et bien cuites.

Mélangez la sauce soja, la sauce aux haricots jaunes et le vin de riz chinois et arrosez-en le contenu du wok. Faites revenir 1 à 2 minutes de plus pour réchauffer. Garnissez de piment séché en paillettes et de brins de cerfeuil. Servez avec du riz, si vous le souhaitez.

Pour un sauté rapide de fruits de mer mélangés, remplacez les moules et les gambas par 250 g de mélange de fruits de mer, disponible dans quasiment tous les supermarchés. Faites revenir l'oignon comme ci-dessus, puis ajoutez le mélange de fruits de mer dans le wok en même temps que les ingrédients de la sauce. Poursuivez la recette comme ci-dessus.

coques au basilic et au piment

Pour **4 personnes**
Préparation **10 minutes**
+ trempage
Cuisson **6 minutes**

500 g de **petites coques**
2 c. à s. d'**huile d'arachide**
2 gousses d'**ail** émincées
1 c. à s. de **gingembre frais** haché
2 c. à s. de **nuoc-mâm**
1 c. à s. d'**huile de piment**
½ c. à c. de **cassonade**
2 **piments rouges** coupés en anneaux + 1 piment épépiné et émincé pour décorer
1 poignée de **feuilles de basilic thaï**

Lavez les coques sous le robinet d'eau froide et jetez celles qui sont cassées ou celles qui restent ouvertes. Faites-les tremper 30 minutes dans un grand volume d'eau froide, puis égouttez-les et rincez-les une fois de plus à l'eau courante. Placez-les dans un bol, couvrez d'un torchon humide et conservez-les au réfrigérateur jusqu'à utilisation.

Faites chauffer l'huile dans un wok à feu vif. Quand elle est bien chaude, faites revenir l'ail et le gingembre quelques secondes. Ajoutez les coques et tous les ingrédients restants, sauf 1 piment pour décorer. Faites revenir 4 à 5 minutes, en remuant, le temps que les coques s'ouvrent. Jetez les coques fermées et servez aussitôt. Garnissez de rondelles de piment rouge et de feuilles de basilic thaï.

Pour des nouilles aux fruits de mer, faites revenir 500 g de gambas décortiquées 2 minutes dans 1 cuillerée à soupe d'huile d'arachide. Ajoutez 300 g d'anneaux de calamars et faites revenir encore 1 minute, puis retirez à l'aide d'une écumoire et suivez la recette ci-dessus. Lorsque les coques sont cuites, remettez les gambas et les calamars dans le wok, ajoutez 300 g de grosses nouilles de riz cuites et tournez jusqu'à ce qu'elles fument de chaleur. Servez avec des quartiers de citron.

fruits de mer aux nouilles

Pour **4 à 6 personnes**
Préparation **5 minutes**
Cuisson **20 minutes**

1 c. à s. d'**huile de colza ou d'olive**
2 gousses d'**ail** émincées
1 c. à s. de **gingembre frais** haché
1 c. à s. de **sauce pimentée aux haricots**
2 c. à c. de **sauce shoyu** ou **tamari**
1 c. à c. de **poivre blanc**
2 litres de **bouillon de poisson** ou **de légumes**
225 g de **chou nappa** coupé en lanières de 2,5 cm de large
175 g de **vermicelles de soja secs** (nouilles Cellophane)
125 g de grosses **gambas crues**, décortiquées
125 g de **noix de Saint-Jacques**
125 g de **calamars** nettoyés, coupés en anneaux de 1 cm
1 c. à s. de **feuilles de coriandre** pour décorer

Faites chauffer l'huile dans un wok à feu vif. Quand elle est bien chaude, faites revenir l'ail et le gingembre quelques secondes le temps qu'ils embaument.

Incorporez la sauce pimentée aux haricots, la sauce shoyu, le poivre blanc et le bouillon puis portez à ébullition. Ajoutez le chou nappa, faites réduire à feu moyen et laissez frémir 10 minutes.

Ajoutez les vermicelles de soja, couvrez et laissez frémir encore 5 minutes. Ajoutez les gambas, les noix de Saint-Jacques et les calamars, remuez et portez à ébullition. Laissez frémir 1 minute de plus, puis servez dans un plat de service creux et parsemez de feuilles de coriandre.

Pour une salade chaude de fruits de mer et de vermicelles de soja, réhydratez les vermicelles selon les indications de l'emballage, puis passez-les sous l'eau froide et égouttez-les. Faites revenir l'ail et le gingembre comme ci-dessus, puis ajoutez la sauce pimentée aux haricots et la sauce shoyu, le poivre blanc et 2 cuillerées à soupe de bouillon ou d'eau. Omettez le chou nappa et ajoutez les fruits de mer. Faites revenir 3 minutes, puis versez les vermicelles cuits et parsemez de 1 poignée de feuilles de coriandre et de menthe.

calamars sel et poivre

Pour **4 personnes** en entrée
Préparation **10 minutes**
Cuisson **6 minutes**

1 c. à c. de **grains de poivre du Sichuan**
1 c. à c. de **sel de mer**
1 ½ c. à s. de **fécule de maïs**
1 ½ c. à s. de **farine**
1 c. à c. de **piment fort moulu**
625 g de **calamars** nettoyés, coupés en anneaux de 1 cm
huile végétale pour friture
1 **piment rouge** émincé
3 **oignons verts** émincés
feuilles de coriandre pour décorer

Faites revenir les grains de poivre du Sichuan dans un wok à sec, à feu moyen, jusqu'à ce qu'ils éclatent et commencent à dégager leur arôme. Pilez-les grossièrement avec le sel dans un mortier.

Versez le sel, le poivre, la fécule de maïs, la farine et le piment moulu dans un bol pour fariner les anneaux de calamars.

Versez de l'huile pour frire les calamars et chauffez à 190 °C. Plongez la moitié des calamars 1 minute dans l'huile bouillante le temps qu'ils soient légèrement colorés, puis retirez-les à l'aide d'une écumoire et égouttez-les sur du papier absorbant. Faites frire le reste des calamars de la même façon.

Placez le piment et les oignons verts dans une écumoire et plongez-les délicatement dans l'huile bouillante quelques secondes. Servez les calamars parsemés de piments et d'oignons verts frits et de coriandre.

Pour une salade aux concombres, aux germes de soja et au cresson à servir avec les calamars, épluchez ½ concombre et coupez-le en deux. Épépinez-le et coupez-le en fines rondelles. Versez dans un bol avec 50 g de cresson, 1 cuillerée à soupe de sauce soja légère, 1 cuillerée à soupe d'huile de sésame et 1 pincée de sel et de poivre.

saint-jacques à la sauce du Sichuan

Pour **4 personnes**
Préparation **10 minutes**
Cuisson **5 minutes**

2 c. à s. d'**huile d'arachide**
1 c. à s. de **gingembre frais** finement haché
2 gousses d'**ail** écrasées
3 **oignons verts** coupés en fines lanières
12 **noix de Saint-Jacques**
150 g de **carottes** coupées en bâtonnets
1 branche de **céleri** émincée
1 c. à c. d'**huile de sésame**
1 poignée de **feuilles de coriandre** pour décorer

Sauce du Sichuan
1 c. à s. de **sauce soja** légère
1 c. à s. de **concentré de tomates**
1 c. à s. de **vin de riz chinois** ou de **xérès sec**
1 c. à s. de **sauce de piment**
½ c. à c. de **sel**
¼ de c. à c. de **poivre noir**

Mélangez les ingrédients de la sauce et réservez.

Faites chauffer l'huile à feu vif. Quand elle est bien chaude, faites revenir le gingembre, l'ail et les oignons verts quelques secondes avant d'ajouter les noix de Saint-Jacques. Faites revenir 1 minute jusqu'à ce qu'elles commencent à se colorer, ajoutez les carottes et le céleri, puis versez la sauce.

Poursuivez la cuisson encore 2 minutes jusqu'à ce que les légumes soient juste tendres et tous les ingrédients nappés d'une sauce épaisse. Ajoutez l'huile de sésame et laissez sur le feu 30 secondes de plus. Retirez du feu et servez garni de feuilles de coriandre.

Pour des travers de porc à la sauce du Sichuan, préparez la sauce comme ci-dessus. Coupez 1 kg de travers en morceaux de 7 cm de long avec un fendoir. Faites-les mariner dans la sauce 1 heure ou toute la nuit. Mettez 2 cuillerées à soupe d'huile d'arachide à chauffer dans un wok à feu vif et faites-y dorer les travers 4 à 5 minutes. Ajoutez 100 ml d'eau, couvrez et laissez mijoter doucement 40 à 45 minutes jusqu'à ce que la viande soit tendre. Garnissez de 1 oignon vert émincé.

calamars aux pois mange-tout

Pour **2 personnes**
Préparation **12 minutes**
Cuisson **8 minutes**

250 g de **calamars** nettoyés
1 c. à s. d'**huile de colza** ou **d'olive**
1 **piment vert**, épépiné et haché
2 c. à c. de **grains de poivre du Sichuan** pilés
2 gousses d'**ail** écrasées
1 petit **oignon** émincé
250 g de **pois mange-tout**
2 c. à c. de **sauce shoyu** ou **tamari**
1 c. à s. de **vin de riz chinois** ou de **xérès sec**

Coupez les calamars en lamelles et incisez-les en damier avec un couteau pointu. (Le calamar cuit s'enroule ainsi sur lui-même et les incisions absorbent la sauce.)

Faites chauffer l'huile dans un wok à feu vif. Quand elle est bien chaude, réduisez à feu moyen, ajoutez le piment, les grains de poivre, l'ail et l'oignon puis faites revenir 3 à 4 minutes.

Augmentez le feu et faites revenir les calamars à feu vif rapidement 1 minute. Retirez-les à l'aide d'une écumoire et réservez-les.

Versez les pois mange-tout dans le wok et faites revenir 1 minute. Ajoutez les calamars et mélangez. Incorporez la sauce shoyu et le vin de riz puis faites revenir quelques secondes. Servez aussitôt.

Pour des calamars aux petits pois et aux tomates pimentées, préparez les calamars et faites-les sauter 1 minute comme ci-dessus. Ajoutez 125 g de petits pois et faites revenir encore 30 secondes. Incorporez ½ cuillerée à soupe de concentré de tomates mélangée avec du vin de riz chinois, de la sauce shoyu et ½ piment rouge coupé en fins anneaux. Faites revenir encore 30 secondes puis servez.

saumon fumé au thé vert

Pour **4 personnes**
Préparation **10 minutes**
+ marinade
Cuisson **15 minutes**

4 **filets de saumon** de 125 g chacun, sans peau
125 g de **cassonade**
3 c. à s. de **sel de mer**
2 c. à s. d'**huile d'olive vierge extra**
150 g de **riz** non cuit
50 g de **feuilles de thé vert**
1 **citron** coupé en quartiers pour servir

Sauce
le **jus** de ½ **citron**
1 c. à s. de **persil** haché
4 c. à s. de **mayonnaise**
sel et **poivre noir**

Disposez le saumon sur une assiette et frottez-le avec la cassonade, le sel et l'huile d'olive. Couvrez et mettez au frais 1 heure au réfrigérateur, puis essuyez la marinade.

Préparez le wok pour fumer : tapissez-le de papier d'aluminium et versez le riz et les feuilles de thé mélangés. Introduisez une grille circulaire dans le wok. Faites-le chauffer à feu vif avec son couvercle jusqu'à ce que la fumée apparaisse.

Retirez le couvercle et posez rapidement le saumon sur la grille. Couvrez et laissez 2 minutes. Réduisez à feu moyen et poursuivez la cuisson encore 4 minutes. Éteignez le feu et laissez reposer le poisson 6 minutes dans le wok couvert pendant que vous préparez la sauce.

Incorporez le jus de citron et le persil dans la mayonnaise et assaisonnez de poivre noir fraîchement moulu. Servez le saumon avec les quartiers de citron et la mayonnaise aromatisée servie à part, accompagné de quelques feuilles de salade, si vous le souhaitez.

Pour une salade de saumon fumé aux feuilles de thé, fumez le saumon comme ci-dessus puis émiettez-le dans un bol avec 150 g de haricots verts blanchis, 125 g de tomates cerises coupées en deux et 20 g de feuilles de persil plat. Salez et poivrez, puis versez doucement 2 cuillerées à soupe d'huile d'olive vierge extra et du jus de citron, selon votre goût.

lotte sautée au céleri

Pour **4 personnes**
Préparation **10 minutes**
Cuisson **7 minutes**

1 c. à s. d'**huile de colza ou d'olive**
1 ½ c. à s. de **gingembre frais** haché
500 g de **filets de lotte** coupés en tranches de 1 cm
100 ml de **bouillon de poisson** chaud
1 c. à c. de **sauce shoyu** ou **tamari**
1 c. à s. de **vin de riz** ou de **xérès sec**
1 c. à c. de **poivre blanc**
½ c. à c. d'**huile de sésame**
500 g de **cœurs de céleri** tendres, coupés en morceaux de 2,5 x 1 cm
2 c. à c. de **fécule de maïs** délayée dans 2 c. à s. d'**eau** ou de **bouillon de poisson**

Faites chauffer l'huile dans un wok à feu vif. Quand elle est bien chaude, faites revenir le gingembre quelques secondes jusqu'à ce qu'il dégage son arôme.

Ajoutez la lotte et faites revenir 1 minute, puis versez le bouillon chaud et portez à ébullition. Incorporez la sauce shoyu, le vin de riz, le poivre blanc et l'huile de sésame puis mélangez.

Ajoutez les cœurs de céleri et portez le mélange à ébullition. Incorporez la fécule de maïs délayée dans l'eau, en mélangeant, et laissez épaissir jusqu'à ce que la sauce soit translucide.

Pour du bœuf au céleri et aux tomates, remplacez la lotte par 500 g de bœuf maigre coupé en lanières de 1 cm. Utilisez du bouillon de poule plutôt que de poisson. Ajoutez 4 tomates coupées en quartiers avec le céleri et terminez la recette comme ci-dessus.

moules à la sauce aux haricots noirs

Pour **4 personnes** en entrée
Préparation **15 minutes**
Cuisson **7 minutes**

1 kg de **moules**
1 c. à s. d'**huile d'arachide**
2 gousses d'**ail** émincées
2 c. à s. de **sauce aux haricots noirs**
1 c. à s. de **gingembre frais** haché
2 c. à s. de **vin de riz chinois** ou de **xérès sec**
1 c. à s. de **sauce soja** légère
4 c. à s. d'**eau**
1 poignée de **feuilles de coriandre** grossièrement hachées

Nettoyez soigneusement les moules sous le robinet d'eau froide. Retirez les filaments et rincez de nouveau. Tapotez doucement les moules ouvertes et jetez celles qui ne se ferment pas.

Faites chauffer l'huile dans un wok à feu moyen. Faites-y revenir l'ail jusqu'à ce qu'il soit croustillant et doré. Incorporez la sauce aux haricots noirs, le gingembre, le vin de riz et la sauce soja. Ajoutez l'eau et faites bouillir 1 minute.

Mettez les moules dans le wok, couvrez et laissez cuire 3 à 4 minutes, le temps qu'elles s'ouvrent. Jetez celles qui restent fermées. Incorporez la coriandre et servez aussitôt.

Pour des gambas à la sauce aux huîtres, faites chauffer l'huile d'arachide dans le wok, et ajoutez tous les ingrédients de la sauce en remplaçant la sauce aux haricots noirs par la sauce aux huîtres. Remplacez les moules par 250 g de gambas crues, décortiquées. Laissez mijoter 2 à 3 minutes pour qu'elles rosissent et servez parsemé d'oignon vert émincé.

curry jaune thaï de gambas

Pour **4 personnes**
Préparation **10 minutes**
Cuisson **15 minutes**

3 c. à s. d'**huile d'arachide**
1 dose de **pâte de curry jaune** (voir ci-contre)
125 ml d'**eau**
250 ml de **lait de coco** en boîte
20 **gambas crues**, décortiquées
2 c. à c. de **nuoc-mâm**
1 c. à c. de **jus de citron vert**
sel et **poivre noir**

Pour décorer
2 **piments rouges**, épépinés et émincés
1 c. à s. de **coriandre** hachée

Faites chauffer l'huile dans un wok à feu doux. Faites-y fondre la pâte de curry 4 minutes jusqu'à ce qu'elle dégage son arôme. Incorporez l'eau à la pâte de curry, portez à ébullition et faites réduire 2 minutes à feu vif.

Incorporez le lait de coco à la pâte de curry, puis ajoutez les gambas. Faites cuire le curry 6 minutes à feu moyen, en remuant de temps en temps, jusqu'à ce que les gambas soient roses et cuites.

Incorporez le nuoc-mâm et le jus de citron vert, puis salez et poivrez à votre goût. Versez dans un plat de service chaud. Parsemez de rondelles de piment et de coriandre puis servez accompagné de riz si vous le souhaitez.

Pour une pâte de curry jaune maison, mixez dans un robot en une pâte épaisse 2,5 cm de galanga finement haché, 1 bâton de citronnelle finement haché, 2 échalotes émincées, 3 gousses d'ail émincées, 2 cuillerées à café de curcuma moulu, 1 cuillerée à café de coriandre moulu, 1 cuillerée à café de cumin moulu, 1 cuillerée à café de pâte de crevettes et encore ½ cuillerée à café de piment moulu.

gambas, saint-jacques et asperges

Pour **4 personnes**
Préparation **5 minutes**
Cuisson **10 minutes**

12 **gambas crues**, décortiquées
8 **noix de Saint-Jacques**
3 c. à s. d'**huile d'arachide**
2,5 cm de **gingembre frais** finement haché
2 gousses d'**ail** écrasées
250 g d'**asperges** coupées en tronçons de 2,5 cm
2 c. à s. de **vin de riz chinois** ou de **xérès sec**
1 c. à s. de **vinaigre de malt**
1 ½ c. à s. de **sauce soja** légère
2 c. à c. de **sucre semoule**
100 ml d'**eau**
½ c. à c. d'**huile de sésame**
sel et **poivre blanc**

Assaisonnez les noix de Saint-Jacques de sel et de poivre fraîchement moulu.

Faites chauffer 1 cuillerée à soupe d'huile dans un wok à feu vif. Quand elle est bien chaude, faites revenir les gambas 2 minutes jusqu'à ce qu'elles commencent à prendre de la couleur. Retirez-les à l'aide d'une écumoire et réservez-les. Ajoutez une autre cuillerée d'huile et faites revenir les noix de Saint-Jacques 1 minute de chaque côté. Retirez-les à l'aide d'une écumoire et réservez-les.

Faites chauffer le reste d'huile dans le wok. Faites revenir le gingembre, l'ail et les asperges 1 minute. Ajoutez le vin de riz, le vinaigre, la sauce soja, le sucre et l'eau puis portez à ébullition. Remettez les gambas et les noix de Saint-Jacques dans le wok, le temps de les cuire. Ajoutez l'huile de sésame et mélangez bien l'ensemble, puis servez.

Pour des gambas aux poivrons et aux graines de sésame, remplacez les noix de Saint-Jacques par 16 gambas crues, décortiquées. Remplacez les asperges par 1 poivron rouge et 1 poivron jaune, évidés, épépinés et coupés en fines lanières. Faites cuire comme ci-dessus, en terminant par 2 cuillerées à soupe de graines de sésame grillées.

crabe thaï pimenté

Pour **4 personnes** en entrée
Préparation **20 minutes**
Cuisson **5 minutes**

2 **crabes entiers** de 750 g chacun, cuits
3 c. à s. d'**huile d'arachide**
1 **piment rouge** coupé en fins anneaux
2 bâtons de **citronnelle** émincés
3 gousses d'**ail** émincées
6 rondelles de **gingembre frais** de 1 cm d'épaisseur
2 c. à s. de **sauce soja** légère
2 c. à s. de **nuoc-mâm**
2 c. à s. de **sauce sweet chili**
2 c. à s. d'**eau**
le **jus** de 1 **citron vert**
1 poignée de **feuilles de menthe**
1 poignée de **feuilles de coriandre**

Préparez chaque crabe en frappant le dessous de la carapace pour détacher la chair. Tournez la carapace vers vous, redressez le crabe et forcez la chair hors de la coquille à l'aide de vos pouces. Retirez la queue et jetez-la, puis arrachez les pinces et brisez-les avec un rouleau à pâtisserie ou un casse-noix. Retirez et jetez les branchies. Coupez la chair en quarts avec un couteau pointu.

Faites chauffer l'huile dans un wok à feu vif. Quand elle est bien chaude, faites revenir 30 secondes le piment, la citronnelle, l'ail et le gingembre. Ajoutez la sauce soja, le nuoc-mâm, la sauce sweet chili et l'eau.

Ajoutez la chair de crabe et faites revenir 2 à 3 minutes. Quand le crabe est chaud et bien enrobé de sauce, retirez le wok du feu. Incorporez le jus de citron vert et les herbes.

Pour des nouilles aromatiques au crabe, utilisez 200 g de chair de crabe à la place du crabe entier. Faites cuire avec les autres ingrédients comme ci-dessus, en ajoutant dans le wok, en même temps que le crabe, 200 g de nouilles de riz larges réhydratées et 150 g de tomates cerises coupées en deux.

poisson à la sauce aux haricots noirs

Pour **4 personnes**
Préparation **15 minutes**
Cuisson **25 à 30 minutes**

1 c. à s. d'**huile de sésame**
25 g de **gingembre frais** coupé en lanières
1 grosse gousse d'**ail** hachée
3 c. à s. de **haricots noirs salés**
1 c. à s. de **jus de citron**
2 c. à s. de **sauce soja** légère
2 c. à c. de **sucre semoule**
150 ml de **vin de riz chinois** ou de **xérès sec**
750 g de **filets de poisson blanc** à chair ferme (cabillaud, églefin ou lieu noir par exemple), sans peau, coupés en deux
4 gros **oignons verts** émincés en biais + un peu pour décorer
1 **poivron rouge** évidé, épépiné, grillé et coupé en fines lanières pour décorer

Faites chauffer l'huile de sésame dans un wok à feu moyen. Ajoutez le gingembre et l'ail avec les haricots noirs et faites revenir 2 minutes. Incorporez le jus de citron, la sauce soja, le sucre et le vin de riz.

Disposez les filets de poisson dans la sauce. Faites mijoter doucement 20 à 25 minutes, le temps pour le poisson de cuire. Parsemez d'oignons verts et poursuivez la cuisson encore quelques minutes.

Transvasez le poisson et la sauce dans un plat de service chaud ou bien partagez-le en 4 parts et servez directement dans les assiettes des convives. Garnissez de lanières de poivron rouge et d'oignon vert et servez aussitôt accompagné de nouilles, si vous le souhaitez.

Pour une variante au poulet, remplacez le poisson par 750 g de blancs de poulet sans peau, coupés en tranches. Glissez-les dans la sauce et laissez mijoter 15 à 20 minutes, le temps qu'ils soient cuits. Poursuivez la recette selon les indications ci-dessus et servez bien chaud.

salade aux fruits de mer croustillants

Pour **4 personnes**
Préparation **15 minutes**
Cuisson **5 minutes**

125 g de **germes de soja**
4 **oignons verts** émincés
75 g de **pois gourmands** émincés
5 cm de **concombre** pelé et coupé en fines rondelles
125 g de **tomates cerises** coupées en deux
1 poignée de **feuilles de menthe**
1 poignée de **feuilles de coriandre**
2 c. à s. d'**huile d'arachide**
1 gousse d'**ail** émincée
1 c. à s. de **gingembre** finement haché
325 g de **calamars** nettoyés, coupés en anneaux de 1 cm
8 **boulettes de poisson**
8 **gambas crues**, décortiquées
1 **piment rouge**, épépinée et finement haché
1 c. à c. de **cassonade**
2 c. à s. de **nuoc-mâm**
2 **feuilles de citron combava** coupées en lanières
le **jus** de 1 **citron vert**
½ c. à s. d'**huile de sésame**
1 c. à s. de **sauce soja** légère
sauce sweet chili pour servir

Mélangez les germes de soja, les oignons verts, les pois gourmands, le concombre et les tomates cerises dans un grand saladier puis ajoutez les herbes.

Faites chauffer l'huile dans un wok à feu vif. Quand elle est bien chaude, faites revenir l'ail et le gingembre 30 secondes avant d'ajouter les calamars, les boulettes de poisson et les gambas. Faites revenir 2 à 3 minutes.

Ajoutez le piment, la cassonade, le nuoc-mâm et les feuilles de combava puis continuez la cuisson 1 minute. Versez dans un saladier avec le jus de citron vert, l'huile de sésame et la sauce soja. Servez la sauce sweet chili à part.

Pour une salade de poulet à la noix de coco, préparez la salade comme ci-dessus, en remplaçant les fruits de mer par 625 g de blanc de poulet coupé en lanières. Une fois la salade prête, parsemez de 50 g d'éclats de chair de coco.

curry doux thaï au poisson

Pour **4 personnes**
Préparation **10 minutes**
Cuisson **25 minutes**

5 c. à s. d'**huile d'arachide**
6 **échalotes thaïes** émincées
1 c. à s. de **pâte de curry rouge** (voir page 80)
4 **feuilles de citron combava** grossièrement hachées
2 c. à s. de **nuoc-mâm**
½ c. à s. de **cassonade**
400 ml de **lait de coco**
500 ml de **bouillon de légumes**
6 **jeunes aubergines** coupées en quatre
125 g de **pois mange-tout** coupés en deux
750 g de **cabillaud** ou de **haddock**, sans peau, coupés en morceaux de 3,5 cm
150 g de **tomates cerises** coupées en deux
1 poignée de **feuilles de basilic thaï**

Faites chauffer l'huile dans un wok à feu vif. Quand elle est bien chaude, saisissez les échalotes afin qu'elles soient dorées et croustillantes. Retirez-les à l'aide d'une écumoire et égouttez-les sur du papier absorbant.

Videz l'huile du wok en conservant 2 cuillerées à soupe. Faites-y revenir la pâte de curry 30 secondes. Incorporez les feuilles de citron combava, le nuoc-mâm, la cassonade, le lait de coco et le bouillon de légumes puis portez à ébullition. Baissez le feu et laissez mijoter doucement 10 minutes.

Ajoutez les aubergines et, 5 minutes plus tard, incorporez délicatement les pois mange-tout et le poisson et laissez cuire encore 2 minutes. Ajoutez les tomates cerises et la moitié des feuilles de basilic thaï. Laissez mijoter encore 2 minutes, puis parsemez avec les échalotes croustillantes et le reste de feuilles de basilic thaï.

Pour un curry épicé aux fruits de mer mélangés, augmentez la pâte de curry rouge (voir page 80) à 3 cuillerées à soupe et réduisez la quantité de poisson blanc à 250 g. Au moment de l'ajouter au bouillon de lait de coco, incorporez en même temps 150 g de petites crevettes crues et 200 g d'anneaux de calamars. Poursuivez ensuite la recette comme ci-dessus.

salade chou-porc-gambas

Pour **4 personnes**
Préparation **15 minutes**
Cuisson **10 minutes**

300 g de **chou blanc** finement haché
12 **gambas cuites**, décortiquées
125 g de **porc rôti** cuit, coupé en tranches
3 c. à s. d'**huile végétale**
3 **échalotes** émincées
2 c. à s. de **cacahuètes grillées** grossièrement concassées

Assaisonnement
1 gousse d'**ail** écrasée
1 c. à s. de **nuoc-mâm**
le **jus** de 2 **citrons verts**
1 c. à c. d'**huile de sésame**
1 c. à s. de **sauce soja** légère
1 c. à s. d'**huile d'arachide**

Mélangez tous les ingrédients de l'assaisonnement et réservez.

Plongez le chou dans de l'eau bouillante pendant 2 minutes, égouttez-le et passez-le sous le robinet d'eau froide. Égouttez-le bien, puis versez-le dans un bol avec l'assaisonnement.

Ajoutez les gambas et le porc au chou et mélangez bien, puis réservez pendant que vous faites revenir les échalotes.

Faites chauffer l'huile dans un wok à feu vif. Quand elle est bien chaude, ajoutez les échalotes et faites-les revenir le temps qu'elles soient croustillantes et dorées. Retirez-les du wok à l'aide d'une écumoire et égouttez-les. Parsemez la salade avec les échalotes et les cacahuètes concassées, puis servez.

Pour une salade courgettes-crevettes-porc, remplacez le chou par 1 grosse courgette coupée en rondelles. Faites-la revenir dans un wok avec 1 cuillerée à soupe d'huile végétale, le temps qu'elle soit tout juste tendre. Ajoutez-la aux crevettes, au porc et à l'assaisonnement puis faites frire les échalotes comme ci-dessus. Remplacez les cacahuètes par 1 cuillerée à soupe de noix de cajou grillées, grossièrement concassées.

fruits de mer au poivre vert

Pour **4 personnes**
Préparation **5 minutes**
Cuisson **5 minutes**

3 c. à s. d'**huile d'arachide**
2 gousses d'**ail** émincées
4 **noix de Saint-Jacques** coupées en quatre
6 **surimis au crabe** coupés en deux dans le sens de la longueur
200 g de **gambas cuites**, décortiquées
1 c. à s. de **nuoc-mâm**
1 c. à s. de **sauce aux huîtres**
1 c. à s. de **sauce soja** légère
1 c. à c. de **cassonade**
2 c. à s. de **grains de poivre vert**

Faites chauffer l'huile dans un wok à feu vif. Quand elle est bien chaude, saisissez l'ail quelques secondes, puis ajoutez les noix de Saint-Jacques et faites dorer 1 minute.

Ajoutez les surimis au crabe, les gambas, le nuoc-mâm, la sauce soja, la sauce aux huîtres, le sucre et le poivre vert, dans cet ordre, en faisant rapidement sauter entre chaque ajout.

Poursuivez la cuisson 1 minute, le temps de chauffer les fruits de mer et de les enrober de sauce. Accompagnez de riz, si vous le souhaitez.

Pour un riz au lait de coco et aux fruits de mer et poivre vert, faites cuire comme ci-dessus, retirez du feu et réservez. Faites chauffer 1 cuillerée à soupe d'huile d'arachide dans un wok et versez 5 cuillerées à soupe de lait de coco. Portez à ébullition avec 1 cuillerée à café de nuoc-mâm. Incorporez 250 g de riz au jasmin cuit. Faites chauffer, puis ajoutez les fruits de mer cuits. Poursuivez la cuisson 30 secondes et servez, arrosé d'un filet de jus de citron.

gambas pimentées aux épinards

Pour **4 personnes**
Préparation **10 minutes**
Cuisson **5 minutes**

2 c. à s. d'**huile végétale**
1 gousse d'**ail** émincée
1 **piment oiseau rouge thaï**, épépiné et haché
300 g de **jeunes pousses d'épinard**
125 g de grosses **gambas crues**, décortiquées
3 c. à s. de **sauce soja** légère
2 c. à c. de **sucre semoule**
1 c. à s. de **vin de riz chinois** ou de **xérès sec**
1 c. à s. de **nuoc-mâm**
6 c. à s. d'**eau**
fleurs de ciboulette chinoise ou **ciboulette ordinaire** pour décorer

Faites chauffer l'huile dans un wok à feu vif. Quand elle est bien chaude, faites revenir l'ail et le piment 30 secondes.

Ajoutez les épinards et les gambas puis faites revenir 1 à 2 minutes le temps que les épinards commencent à flétrir et que les gambas soient roses et cuites.

Mélangez la sauce soja, le sucre, le vin de riz, le nuoc-mâm et l'eau et ajoutez-les dans le wok. Faites revenir vivement encore 1 minute et servez pendant que les épinards se tiennent. Garnissez de fleurs de ciboulette chinoise ou de ciboulette ordinaire.

Pour de la lotte au citron vert et aux épinards, remplacez les gambas par 200 g de lotte coupée en gros morceaux. Faites revenir le poisson avec l'ail, le piment et les épinards comme ci-dessus. Lorsque vous retirez le sauté du feu, ajoutez le zeste râpé et le jus de 1 citron vert avec la sauce soja.

légumes & tofu

curry jaune thaï aux légumes

Pour **4 personnes**
Préparation **15 minutes**
Cuisson **30 minutes**

1 c. à s. d'**huile d'arachide**
1 **oignon** émincé
400 ml de **lait de coco**
200 ml de **bouillon de légumes**
2 c. à s. de **curry jaune thaï** (voir page 148)
1 c. à s. de **cassonade**
3 c. à s. de **nuoc-mâm**
750 g de **pommes de terre nouvelles**, épluchées et coupées en quatre
250 g de **carottes** coupées en rondelles
250 g de **chou-fleur** en fleurettes
75 g de **petits pois** frais ou surgelés
1 poignée de **feuilles de coriandre** pour décorer

Faites chauffer l'huile dans un wok à feu moyen. Faites-y fondre l'oignon 4 à 5 minutes, le temps qu'il dore légèrement. Retirez-le à l'aide d'une écumoire et réservez-le.

Versez le lait de coco et le bouillon de légumes dans un wok et portez à ébullition à feu vif. Ajoutez la pâte de curry, la cassonade et le nuoc-mâm puis mélangez pour homogénéiser.

Ajoutez les pommes de terre, les carottes et l'oignon frit, baissez le feu et laissez mijoter 10 minutes. Ajoutez le chou-fleur et les petits pois et laissez encore 10 minutes, le temps que tous les légumes soient tendres.

Versez dans un plat creux et parsemez de coriandre.

Pour un curry thaï au poulet et aux légumes, ne mettez pas de carotte ni de chou-fleur. Désossez 625 g de cuisses de poulet sans la peau, coupez-les en quatre et ajoutez-les dans le wok avec les pommes de terre. Laissez mijoter 10 minutes. Ajoutez ensuite les petits pois, puis poursuivez la recette comme ci-dessus.

sauté asperges-champignons

Pour **4 personnes**
Préparation **5 minutes**
Cuisson **7 minutes**

1 ½ c. à s. d'**huile d'arachide**
375 g d'**asperges** parées et coupées en deux en biais
1 **oignon rouge** coupé en quartiers
2 gousses d'**ail** émincées
125 g de **pleurotes** parées, les grosses coupées en morceaux
2 c. à s. de **vin de riz chinois** ou de **xérès sec**
2 c. à s. de **bouillon de légumes** ou d'**eau**
1 c. à s. de **sauce aux huîtres**
1 c. à s. de **vinaigre de malt**
2 c. à c. de **sucre semoule**
1 c. à c. de **sel**
1 c. à c. d'**huile de sésame**

Faites chauffer l'huile dans un wok à feu vif. Quand elle est bien chaude, faites revenir les asperges et l'oignon 2 minutes. Ajoutez l'ail et les champignons et laissez cuire encore 1 minute en remuant.

Mélangez le vin de riz, le bouillon, la sauce aux huîtres, le vinaigre, le sucre, le sel et l'huile de sésame puis versez dans le wok. Faites revenir 1 à 2 minutes le temps que les légumes soient nappés de la sauce veloutée, puis servez.

Pour du riz au canard et aux asperges, tranchez 175 g de magret de canard et faites-le dorer dans 2 cuillerées à soupe d'huile d'arachide. À la place des champignons, ajoutez les asperges, l'oignon et l'ail dans le wok. Laissez cuire 2 minutes, puis ajoutez les ingrédients de la sauce, comme dans la deuxième étape, en même temps que 250 g de riz au jasmin cuit. Laissez sur le feu le temps de réchauffer le riz.

curry rouge thaï tofu-légumes

Pour **4 personnes**
Préparation **15 minutes**
Cuisson **25 à 30 minutes**

450 g de **tofu ferme**
1 c. à s. d'**huile de colza ou d'olive**
2 c. à s. de **curry rouge thaï** (voir page 80)
1 ou 2 **piments verts** émincés
200 ml de **lait de coco** allégé, en boîte
250 ml de **bouillon de légumes**
1 grosse **aubergine** coupée en dés
12 **jeunes épis de maïs**
100 g de **pois mange-tout**
100 g de **carottes** coupées en rondelles
125 g de **champignons shiitake** coupés en deux
1 gros **poivron vert** coupé en lanières
150 g de **pousses de bambou** en tranches, en boîte, égouttées
1 c. à s. de **nuoc-mâm**
1 c. à s. de **miel liquide**
2 **feuilles de citron combava**

Pour décorer
1 grosse poignée de **feuilles de basilic thaï** en lanières
1 poignée de **noix de cajou** grillées

Égouttez le tofu et épongez-le avec du papier absorbant avant de le couper en cubes de 5 cm.

Faites chauffer l'huile dans un wok à feu vif. Quand l'huile est bien chaude, faites revenir la pâte de curry rouge et les piments 1 minute. Incorporez 2 cuillerées à soupe de lait de coco (pris dans la couche plus épaisse en haut de la boîte de conserve). Laissez cuire 2 minutes en tournant sans arrêt.

Ajoutez le bouillon de légumes et portez à ébullition. Ajoutez l'aubergine, puis portez à ébullition et laissez frémir 5 minutes. Ajoutez le reste des légumes et faites cuire encore 5 à 10 minutes. Incorporez le nuoc-mâm, le miel, les feuilles de citron combava et le reste de lait de coco puis laissez frémir encore 5 minutes. Ajoutez le tofu puis mélangez.

Décorez de feuilles de basilic thaï et de noix de cajou grillées. Servez, accompagné de riz au jasmin ou de riz gluant, selon votre goût, qui absorbera la sauce aromatique.

Pour des nouilles au tofu et aux légumes, augmentez la quantité de lait de coco à 400 ml et de bouillon à 350 ml. Ajoutez 200 g de nouilles de riz larges cuites en même temps que le tofu. Laissez frémir 1 minute avant de servir, garni comme ci-dessus.

pak choi piment-gingembre

Pour **4 personnes**
Préparation **5 minutes**
Cuisson **5 minutes**

1 c. à s. d'**huile d'arachide**
½ **piment** coupé en anneaux
1 c. à s. de **gingembre frais** haché
1 grosse pincée de **sel**
500 g de **pak choi**, feuilles séparées
100 ml d'**eau**
¼ de c. à c. d'**huile de sésame**

Faites chauffer l'huile dans un wok à feu vif. Quand elle est bien chaude, faites revenir le piment, le gingembre et le sel 15 secondes.

Ajoutez le pak choi dans le wok et faites revenir 1 minute, puis ajoutez l'eau et continuez, le temps que le pak choi soit tendre et l'eau évaporée. Versez l'huile de sésame puis servez aussitôt.

Pour du pak choi et des champignons shiitake au piment, au gingembre et à la sauce aux huîtres, procédez comme ci-dessus en ajoutant, en même temps que le pak choi, 250 g de champignons shiitake, parés et émincés, et incorporez 2 cuillerées à soupe de sauce aux huîtres en même temps que l'eau.

sauté épicé tempeh-légumes

Pour **4 personnes**
Préparation **12 minutes**
Cuisson **10 minutes**

1 c. à s. d'**huile de colza** ou **d'olive**
2 **piments rouges** émincés
2 bâtons de **citronnelle** émincés
2 **feuilles de citron combava**
1 grosse gousse d'**ail** écrasée
1 c. à s. de **gingembre frais** haché
1 c. à s. de **pâte de tamarin**
2 c. à s. de **bouillon de légumes**
2 c. à c. de **sauce shoyu** ou **tamari**
1 c. à s. de **miel liquide**
500 g de **tempeh** ou de **tofu ferme** coupés en lanières
125 g de **jeunes épis de maïs**
125 g d'**asperges** coupées en deux

Faites chauffer l'huile dans un wok à feu vif. Quand elle est bien chaude, ajoutez les piments, la citronnelle, les feuilles de citron combava, l'ail et le gingembre, puis baissez à feu moyen et faites revenir 2 à 3 minutes.

Ajoutez la pâte de tamarin, le bouillon de légumes, la sauce shoyu et le miel et laissez 2 à 3 minutes, le temps que la sauce épaississe.

Ajoutez le tempeh, le maïs et les asperges puis faites sauter 2 minutes pour réchauffer. Servez aussitôt.

Pour des gambas à la citronnelle et à la pâte de tamarin, remplacez le tempeh ou le tofu par 500 g de gambas crues décortiquées et procédez comme ci-dessus. Omettez le maïs et incorporez 1 poignée de feuilles de coriandre juste avant de retirer le wok du feu.

choy sum à l'ail

Pour **4 personnes**
Préparation **5 minutes**
Cuisson **5 minutes**

500 g de **choy sum** (chou chinois fleuri)
2 c. à s. d'**huile d'arachide**
3 gousses d'**ail** émincées
1 c. à s. de **sel**
2 c. à s. de **vin de riz chinois** ou de **xérès sec**
150 ml d'**eau**
1 c. à c. d'**huile de sésame**

Retirez 5 cm de tiges du choy sum, puis coupez-le en tronçons de 5 cm de long. Lavez-le soigneusement.

Faites chauffer l'huile dans un wok à feu vif. Quand elle est bien chaude, faites revenir l'ail avec le sel 15 secondes, puis ajoutez le choy sum et faites sauter 1 minute.

Ajoutez le vin de riz et l'eau puis faites revenir 2 à 3 minutes jusqu'à ce que le choy sum soit tendre et le liquide évaporé. Incorporez l'huile de sésame et servez aussitôt.

Pour du pak choi aux châtaignes d'eau et à l'ail, suivez la recette ci-dessus en remplaçant le choy sum par 500 g de pak choi coupé en morceaux de 5 cm de long et 4 châtaignes d'eau en boîte, coupées en deux.

chop suey de légumes panachés

Pour **4 personnes**
Préparation **10 minutes**
Cuisson **8 minutes**

1 c. à s. de **fécule de maïs**
1 c. à s. de **sauce soja** légère
1 c. à s. de **vin de riz chinois** ou de **xérès sec**
3 c. à s. de **bouillon de légumes** ou d'**eau**
½ c. à c. de **miel liquide**
2 c. à s. d'**huile d'arachide**
2 **poivrons rouges** évidés, épépinés et coupés en lanières
2 **échalotes** émincées
1 c. à c. de **gingembre frais** haché
2 gousses d'**ail** émincées
150 g de **champignons shiitake**, parés et coupés en deux
50 g de **pousses de bambou** en tranches, en boîte, égouttées
50 g de **châtaignes d'eau** en boîte, égouttées
300 g de **germes de soja**
3 **oignons verts** coupés en tronçons de 2,5 cm

Versez la fécule de maïs dans une tasse avec la sauce soja et le vin de riz puis mélangez pour obtenir une pâte lisse. Ajoutez le bouillon et le miel puis réservez.

Faites chauffer l'huile dans un wok à feu vif. Quand elle est bien chaude, faites revenir les poivrons rouges, les échalotes, le gingembre et l'ail 2 minutes. Ajoutez les champignons, les pousses de bambou et les châtaignes d'eau, et faites revenir encore 2 minutes.

Ajoutez les germes de soja et les oignons verts, puis la sauce réservée. Continuez la cuisson 1 à 2 minutes, le temps que les légumes soient nappés d'une épaisse sauce veloutée. Servez aussitôt.

Pour un chop suey de bœuf au chou nappa, faites dorer 300 g de bœuf maigre, coupé en lanières, 2 à 3 minutes dans 2 cuillerées à soupe d'huile d'arachide, puis retirez du wok à l'aide d'une écumoire. Suivez la recette en omettant les pousses de bambou et en réduisant la quantité de germes de soja à 150 g. Incorporez 200 g de chou nappa coupé en lanières, en même temps que les champignons. Remettez le bœuf dans le wok lorsque vous ajoutez la sauce.

légumes à la sauce sweet chili

Pour **4 personnes**
Préparation **10 minutes**
Cuisson **5 minutes**

250 g de **champignons de Paris**, parés et coupés en deux
2 c. à s. de **fécule de maïs**
2 c. à s. d'**huile d'arachide**
1 c. à s. de **gingembre frais** haché
2 gousses d'**ail** émincées
½ c. à c. de **sel**
2 **poivrons rouges** évidés, épépinés et coupés en morceaux
4 petits **cœurs de pak choi** coupés en deux dans le sens de la longueur
2 c. à s. de **vin de riz chinois** ou de **xérès sec**
1 c. à s. de **sauce soja**
1 c. à s. de **sauce sweet chili**
4 **oignons verts** émincés

Versez les champignons dans un bol avec la fécule de maïs et mélangez pour les fariner. Réservez.

Faites chauffer l'huile dans un wok à feu vif. Quand elle est bien chaude, faites sauter rapidement le gingembre, l'ail et le sel. Ajoutez les champignons, les poivrons rouges et le pak choi puis faites revenir 2 à 3 minutes pour qu'ils soient tendres.

Incorporez le vin de riz, la sauce soja, la sauce sweet chili et les oignons verts puis laissez encore 1 minute pour que la sauce épaississe.

Pour du riz et des légumes à la sauce aux huîtres, suivez les indications de la recette en omettant le sel. Incorporez 4 cuillerées à soupe de sauce aux huîtres et 300 g de riz au jasmin cuit avec le vin de riz, la sauce soja et les oignons verts. Remplacez la sauce sweet chili par 2 cuillerées à café d'huile aux piments.

salade de carottes aux noix de cajou

Pour **6 personnes**
Préparation **10 minutes**
Cuisson **10 minutes**

2 c. à c. d'**huile d'arachide**
3 c. à s. de **noix de cajou**
3 c. à s. de **cacahuètes**
¼ de c. à c. de **sel**
1 **piment vert**, épépiné et finement haché
1 c. à c. de **gingembre frais** haché
500 g de **carottes** grossièrement râpées
3 **échalotes** émincées
le **jus** et le **zeste** de 1 **citron vert**
½ c. à c. d'**huile de sésame**
1 poignée de **feuilles de menthe** grossièrement hachées
1 poignée de **feuilles de coriandre**

Faites chauffer l'huile dans un wok à feu moyen. Faites dorer les noix de cajou et les cacahuètes 3 à 4 minutes.

Ajoutez le sel, le piment et le gingembre et faites revenir 30 secondes. Versez-les dans un bol avec les carottes, les échalotes, le zeste et le jus de citron vert, l'huile de sésame et les feuilles de menthe et de coriandre. Réservez jusqu'à ce que les noix et les cacahuètes aient refroidi puis servez comme plat rafraîchissant.

Pour une salade de thon rouge grillé aux noix de cajou, faites cuire les noix de cajou, les cacahuètes, le sel, le piment et le gingembre comme ci-dessus. Ajoutez-leur 1 poignée de feuilles de coriandre et 75 g de roquette et assaisonnez d'huile de sésame et de jus de citron vert. Faites griller un épais steak de thon de 250 g à la poêle, 1 minute de chaque côté. Tranchez puis mélangez délicatement avec la roquette et les noix.

chou-fleur épicé à la malaise

Pour **4 personnes**
Préparation **10 minutes**
Cuisson **10 minutes**

2 c. à s. d'**huile d'arachide**
1 **piment rouge**, épépiné et finement haché
1 **oignon** grossièrement émincé
2 gousses d'**ail** hachées
1 c. à c. de **pâte sèche de crevettes**
1 c. à c. de **sel**
500 g de bouquets de **chou-fleur** coupés en tranches
3 c. à s. d'**eau**

Faites chauffer l'huile dans un wok à feu vif. Quand elle est bien chaude, faites revenir le piment, l'oignon et l'ail pendant 1 minute.

Ajoutez la pâte de crevettes et émiettez-la avec le dos d'une cuillère. Faites-la fondre 1 minute, salez et ajoutez le chou-fleur. Mélangez puis arrosez avec l'eau, couvrez et laissez cuire 3 à 4 minutes à l'étouffée.

Pour une soupe épicée au chou-fleur, commencez la recette comme indiqué ci-dessus. Ajoutez, en même temps que le chou-fleur, 250 g de pommes de terre farineuses, épluchées et coupées en dés. Une fois toutes les saveurs bien mélangées, versez 1 litre de bouillon de légumes. Laissez mijoter 15 minutes puis écrasez pour obtenir une soupe lisse. Servez avec un filet d'huile aux piments.

légumes à la sauce aux haricots jaunes

Pour **4 personnes**
Préparation **5 minutes**
Cuisson **6 à 7 minutes**

2 c. à s. d'**huile d'arachide**
1 c. à c. de **gingembre frais** haché
2 gousses d'**ail** émincées
½ c. à c. de **sel**
200 g de **pousses de bambou** en tranches, en boîte, égouttées
300 g de **brocoli** en fleurettes
2 c. à s. de **sauce aux haricots jaunes**
3 c. à s. de **vin de riz chinois** ou de **xérès sec**
4 c. à s. d'**eau**

Faites chauffer l'huile dans un wok à feu vif. Quand elle est bien chaude, faites revenir le gingembre, l'ail et le sel pendant 30 secondes. Ajoutez les pousses de bambou et le brocoli puis faites revenir 2 minutes.

Incorporez la sauce aux haricots jaunes et attendez 1 minute pour ajouter le vin de riz et l'eau. Continuez la cuisson afin que les légumes soient nappés d'une épaisse sauce veloutée. Servez sans attendre, avec du riz si vous le souhaitez.

Pour un sauté de riz aux brocolis, suivez les indications de la recette en omettant les pousses de bambou et la sauce aux haricots jaunes. Une fois la recette terminée, incorporez 250 g de riz au jasmin cuit et faites revenir pour réchauffer. Retirez du feu et incorporez ¼ de cuillerée à café d'huile de sésame.

chou chinois à la sauce épicée

Pour **4 personnes**
Préparation **5 minutes**
Cuisson **4 minutes**

2 c. à s. d'**huile d'arachide**
6 lamelles de **gingembre frais** de 1 cm d'épaisseur
2 gousses d'**ail** émincées
1 c. à c. de **sel**
300 g de **chou chinois** coupé en morceaux de 3,5 cm
3 c. à s. de **vin de riz chinois** ou de **xérès sec**
1 c. à s. de **sauce aux huîtres**
1 c. à s. de **vinaigre de malt**
2 c. à c. de **sucre semoule**
½ c. à c. d'**huile de sésame**

Faites chauffer l'huile dans un wok à feu vif. Quand elle est bien chaude, faites revenir 30 secondes le gingembre, l'ail et le sel.

Ajoutez le chou chinois et faites revenir 30 secondes. Incorporez le vin de riz, la sauce aux huîtres, le vinaigre, le sucre et l'huile de sésame puis faites revenir encore 2 minutes pour que les feuilles du chou soient tendres.

Pour des crevettes épicées au chou chinois et aux noix de cajou, faites revenir 1 piment rouge émincé et 200 g de crevettes crues décortiquées avec le gingembre, l'ail et le sel. Ajoutez le chou chinois et les autres ingrédients puis complétez en parsemant de 2 cuillerées à soupe de noix de cajou grillées.

tofu aux champignons

Pour **4 personnes**
Préparation **10 minutes**
Cuisson **10 minutes**

450 g de **tofu ferme**
huile végétale pour friture
1 c. à c. de **gingembre frais** finement haché
2 gousses d'**ail** finement hachées
200 g de **champignons shiitake** parés, les plus gros coupés en deux
125 g de **pois gourmands** coupés en deux
2 c. à s. de **sauce aux huîtres**
2 c. à s. de **vin de riz chinois** ou de **xérès sec**
1 **piment rouge**, épépiné et émincé pour décorer

Égouttez le tofu et épongez-le avec du papier absorbant puis coupez-le en cubes de taille égale. Réservez. Versez de l'huile dans un wok et chauffez à 190 °C. Faites frire la moitié du tofu jusqu'à ce qu'il soit gonflé et doré. Retirez-le à l'aide d'une écumoire et égouttez-le sur du papier absorbant. Faites de même avec le reste de tofu.

Videz toute l'huile, sauf 2 cuillerées à soupe, et remettez le wok à feu vif. Faites revenir rapidement le gingembre et l'ail, avant d'ajouter les champignons et les pois gourmands.

Faites revenir 2 minutes puis remettez le tofu dans le wok et ajoutez la sauce aux huîtres et le vin de riz. Faites cuire 1 à 2 minutes, en tournant, le temps de napper le tofu et de l'imprégner de sauce. Retirez du feu et servez, parsemé de piment coupé en lamelles.

Pour des crevettes aux champignons shiitake et aux petits pois, supprimez le tofu. Faites revenir le gingembre et l'ail comme ci-dessus, puis ajoutez 250 g de crevettes crues décortiquées, 200 g de champignons shiitake émincés et 125 g de petits pois frais ou décongelés à la place des pois gourmands. Terminez la recette comme ci-dessus.

chou frisé au piment

Pour **4 personnes**
Préparation **8 minutes**
Cuisson **17 minutes**

1 c. à s. d'**huile d'olive**
1 gousse d'**ail** écrasée
1 gros **oignon blanc** émincé
500 g de **chou frisé**, trognon ôté et feuilles coupées en lanières
2 c. à c. de **jus de citron vert**
1 **piment rouge**, épépiné et haché
1 c. à c. de **sel**
½ c. à c. de **poivre noir**

Faites chauffer l'huile dans un wok à feu moyen. Faites fondre l'ail et l'oignon 10 minutes environ, le temps que l'oignon devienne translucide. Ajoutez le chou frisé et faites revenir encore 5 minutes.

Incorporez le jus de citron vert et le piment, salez et poivrez selon votre goût puis servez sans attendre.

Pour un chou au piment, remplacez le chou frisé par 500 g de chou blanc. Retirez le trognon et les feuilles extérieures coriaces puis hachez les feuilles avant de les faire revenir avec l'ail et l'oignon puis terminez comme ci-dessus. Ce plat convient parfaitement aux petits légumes verts.

tofu et légumes, sauce aux huîtres

Pour **4 personnes**
Préparation **10 minutes**
Cuisson **12 minutes**

450 g de **tofu ferme**
200 ml d'**huile végétale**
1 c. à c. de **gingembre frais** haché
2 gousses d'**ail** émincées
5 **oignons verts** coupés en tronçons de 2,5 cm
50 g de **châtaignes d'eau** coupées en deux
75 g de **pois mange-tout** coupés en deux en biais
½ **oignon rouge** coupé en fins quartiers
1 c. à c. d'**huile de sésame**

Sauce aux huîtres
1 ½ c. à s. de **vin de riz chinois** ou de **xérès sec**
3 c. à s. de **bouillon de poule** ou d'**eau**
1 c. à s. de **sauce aux huîtres**
2 c. à c. de **sauce soja** légère
2 c. à c. de **sucre semoule**
2 c. à c. de **vinaigre de malt**
½ c. à c. de **sel**

Mélangez les ingrédients de la sauce aux huîtres et réservez.

Égouttez le tofu et séchez-le avec du papier absorbant avant de le couper en 20 cubes de taille égale. Versez de l'huile dans un wok et chauffez à 190 °C. Faites frire la moitié du tofu pour qu'il soit gonflé et doré, puis retirez-le à l'aide d'une écumoire et égouttez-le sur du papier absorbant. Faites frire le reste de tofu de la même façon. Réservez.

Videz l'huile du wok, sauf 2 cuillerées à soupe. Remettez le wok à feu vif. Faites revenir rapidement le gingembre, l'ail et les oignons verts avant d'ajouter les châtaignes d'eau, les pois mange-tout et l'oignon rouge. Faites revenir 2 minutes, le temps de les ramollir légèrement, puis ajoutez la sauce aux huîtres.

Faites revenir 1 minute de plus, puis remettez le tofu dans le wok. Ajoutez l'huile de sésame et laissez encore 1 minute afin que le tofu s'imprègne d'une partie des saveurs de la sauce. Servez aussitôt.

Pour un sauté de tofu et de porc épicé, préparez la sauce aux huîtres et faites frire le tofu comme ci-dessus. Faites revenir 125 g de filet de porc coupé en fines tranches dans 2 cuillerées à soupe d'huile végétale, puis incorporez 1 cuillerée à café de piment fort moulu, l'ail, le gingembre et les oignons verts. Continuez la recette comme ci-dessus en omettant les châtaignes d'eau.

tofu au piment et au tamarin

Pour **4 personnes**
Préparation **10 minutes**
+ marinade
Cuisson **5 minutes**

1 c. à s. de **gingembre frais** haché
1 bâton de **citronnelle** finement haché
2 gousses d'**ail** émincées
2 **piments oiseaux** hachés
1 c. à c. de **pâte sèche de crevettes**
2 c. à s. de **pâte de tamarin**
1 c. à c. de **sel**
1 c. à c. de **sucre semoule**
450 g de **tofu ferme**
2 c. à s. d'**huile d'arachide**
150 g de **haricots verts** coupés en petits tronçons
25 g de **cacahuètes grillées**, concassées, pour décorer

Dans un robot, mixez en une pâte le gingembre, la citronnelle, l'ail, les piments, la pâte de crevettes, la pâte de tamarin, le sel et le sucre. Versez la pâte dans un plat peu profond.

Égouttez le tofu et séchez-le avec du papier absorbant. Coupez-le en 20 cubes de taille égale et roulez-le délicatement dans la pâte. Faites mariner 1 heure.

Faites chauffer l'huile dans un wok à feu vif. Quand elle est bien chaude, faites dorer le tofu 2 à 3 minutes. Ajoutez les haricots verts et continuez la cuisson 30 secondes de plus. Garnissez d'une poignée de cacahuètes concassées.

Pour des gambas au piment et au tamarin, remplacez le tofu par 250 g de gambas. Préparez la pâte comme indiqué ci-dessus. Faites mariner les gambas 1 heure avant de les faire revenir et d'ajouter les haricots verts coupés. Omettez les cacahuètes et accompagnez de quartiers de citron vert.

pak choi aux champignons

Pour **4 personnes**
Préparation **3 minutes**
Cuisson **10 minutes**

½ c. à s. d'**huile de colza** ou **d'olive**
500 g de **pak choi** coupé en deux dans le sens de la longueur
20 **champignons shiitake** parés, coupés en deux
1 c. à c. de **sauce shoyu** ou **tamari**
1 c. à s. de **vin de riz chinois** ou de **xérès sec**
3 c. à s. de **bouillon de légumes**
½ c. à s. de **fécule de maïs** délayée dans 1 c. à s. d'**eau**

Faites chauffer l'huile dans un wok à feu vif. Quand elle est bien chaude, ajoutez le pak choi, poignée par poignée, et tournez de temps en temps. Couvrez et laissez cuire 2 à 3 minutes pour faire flétrir les feuilles du pak choi. Transvasez dans un plat de service.

Remettez le wok sur le feu, faites revenir les champignons 30 secondes à feu vif. Ajoutez la sauce shoyu, le vin de riz et le bouillon de légumes puis mélangez. Ajoutez lentement la fécule de maïs en tournant constamment pour faire épaissir la sauce.

Versez les champignons et la sauce sur le pak choi et servez aussitôt.

Pour une recette de brocoli et champignons à la sauce épicée, remplacez le pak choi par 500 g de brocoli détaillé en petits bouquets. Faites chauffer 1 cuillerée à soupe d'huile de colza dans un wok à feu vif et faites revenir le brocoli 2 à 3 minutes avec 4 cuillerées à soupe d'eau. Incorporez les champignons. 30 secondes après, ajoutez les autres ingrédients avec 2 cuillerées à soupe de sauce aux huîtres en même temps que la sauce shoyu. Juste avant de servir, incorporez 1 cuillerée à café d'huile aux piments.

riz & nouilles

riz aux œufs frits

Pour **4 personnes**
Préparation **5 minutes**
Cuisson **4 minutes**

4 **œufs**
2 c. à c. de **gingembre frais** haché
1 ½ c. à s. de **sauce soja** légère
2 c. à s. d'**huile d'arachide**
300 g de **riz au jasmin** cuit, froid (200 g cru)
2 **oignons verts** émincés
¼ de c. à c. d'**huile de sésame**

Mélangez les œufs, le gingembre et la moitié de la sauce soja dans un bol puis battez légèrement.

Faites chauffer l'huile dans un wok à feu vif. Quand elle est bien chaude, versez les œufs battus et brouillez-les avec une spatule en bois 30 à 60 secondes, le temps qu'ils soient cuits.

Ajoutez le riz cuit froid, les oignons verts, l'huile de sésame et le reste de sauce soja puis faites revenir 1 à 2 minutes, le temps que le riz soit bien chaud.

Pour du riz frit au chou nappa et au piment, suivez la recette ci-dessus. Lorsque le riz est chaud, ajoutez 1 piment rouge émincé et 125 g de chou nappa coupé en lanières et faites revenir 30 secondes de plus.

riz frit aux gambas

Pour **4 personnes**
Préparation **5 minutes**
Cuisson **7 minutes**

1 c. à s. d'**huile de colza** ou **d'olive**
500 g de grosses **gambas crues**, décortiquées
50 g de **champignons shiitake** ou **de Paris** parés, coupés en deux
1 **courgette** coupée en fines rondelles
1 petite **carotte** coupée en fines rondelles
50 g de **haricots verts** coupés en tronçons de 2,5 cm
300 g de **riz au jasmin** cuit, froid (200 g cru)
2 c. à c. de **sauce shoyu** ou **tamari**
1 c. à c. de **poivre noir** fraîchement moulu
1 **oignon vert** émincé pour décorer

Faites chauffer l'huile dans un wok à feu vif. Quand elle est bien chaude, faites revenir les gambas 1 minute, puis retirez-les à l'aide d'une écumoire et réservez-les.

Ajoutez les champignons, la courgette, la carotte et les haricots verts et faites revenir 2 minutes à feu vif. Incorporez le riz froid cuit et la sauce shoyu, poivrez et mélangez bien.

Remettez les gambas dans le wok et faites revenir le riz garni 2 minutes. Parsemez d'oignon vert et servez.

Pour une soupe réconfortante aux crevettes, riz et champignons, faites revenir les crevettes et les légumes comme indiqué dans la recette. Lorsque les légumes sont cuits, ajoutez 750 ml de bouillon de légumes, ½ cuillerée à café de sucre semoule, 2 cuillerées à soupe de shoyu et 2 tranches épaisses de gingembre frais. Faites bouillir 10 minutes, puis incorporez le riz, remettez les crevettes et poivrez. Laissez mijoter doucement jusqu'à ce que le riz soit chaud puis garnissez d'oignon vert et servez.

riz frit au porc et aux crevettes

Pour **4 personnes**
avec un autre plat
Préparation **5 minutes**
Cuisson **5 minutes**

4 **œufs**
1 ½ c. à c. d'**huile de sésame**
2 c. à c. de **sauce soja** légère
1 pincée de **sel**
1 c. à s. d'**huile d'arachide**
125 g de **crevettes crues**, décortiquées
125 g de **jambon** coupé en lanières
1 c. à s. de **gingembre frais** haché
2 gousses d'**ail** écrasées
5 **oignons verts** émincés
300 g de **riz au jasmin** cuit, froid (200 g cru)

Cassez les œufs dans un bol, ajoutez 1 cuillerée à café d'huile de sésame, la sauce soja et le sel, puis battez légèrement.

Faites chauffer ½ cuillerée à soupe d'huile d'arachide dans un wok à feu vif. Quand elle est bien chaude, versez les œufs et brouillez-les à l'aide d'une spatule en bois 30 à 60 secondes pour qu'ils soient tout juste cuits, puis retirez-les et réservez-les.

Remettez le wok sur le feu et faites chauffer le reste d'huile d'arachide. Faites revenir les crevettes, le jambon, le gingembre et l'ail, jusqu'à ce qu'elles soient roses. Ajoutez les oignons verts, le riz froid cuit, les œufs brouillés et le reste d'huile de sésame et faites revenir 1 à 2 minutes le temps que le riz soit bien chaud.

Pour du riz frit au poulet, omettez les crevettes et le jambon. Faites cuire les œufs comme indiqué ci-dessus. Puis faites chauffer 1 cuillerée à soupe d'huile d'arachide et faites revenir 2 à 3 minutes le gingembre, l'ail et 250 g de blancs de poulet coupés en petits morceaux. Ajoutez 2 cuillerées à soupe de sauce aux huîtres et poursuivez la cuisson 1 minute. Ajoutez les oignons verts et le riz froid puis complétez la recette comme ci-dessus.

riz frit thaï au poulet

Pour **4 personnes**
avec un autre plat
Préparation **5 minutes**
Cuisson **7 minutes**

150 g de **poulet** haché
2 c. à s. d'**huile d'arachide**
2 gousses d'**ail** hachées
2 **échalotes** émincées
2 **piments oiseau** finement hachés
1 **poivron rouge** évidé, épépiné et coupé en petits dés
2 c. à s. de **nuoc-mâm**
½ c. à c. de **cassonade**
1 ½ c. à s. de **sauce soja** légère
300 g de **riz au jasmin** cuit, froid (200 g cru)
1 grosse poignée de **feuilles de basilic thaï**

Émiettez le poulet haché à la fourchette et réservez.

Faites chauffer l'huile dans un wok à feu vif. Quand elle est bien chaude, faites revenir l'ail, les échalotes, les piments et le poivron pendant 30 secondes, puis ajoutez le poulet, le nuoc-mâm, la cassonade et la sauce soja. Faites légèrement dorer le poulet 3 à 4 minutes.

Ajoutez le riz froid cuit et le basilic puis tournez délicatement jusqu'à ce que le riz soit bien chaud et que le basilic embaume.

Pour du riz frit au porc et aux herbes, coupez 200 g de porc maigre en petits dés pour remplacer le poulet. Faites cuire comme indiqué ci-dessus, réduisez le basilic de moitié et ajoutez 1 poignée de feuilles de coriandre et 6 feuilles de menthe grossièrement hachées.

riz frit aux légumes et rôti de porc

Pour **4 personnes**
Préparation **5 minutes**
+ marinade
Cuisson **47 minutes**

500 g de **longe de porc**
2 c. à s. de **vinaigre de vin rouge chinois** ou **balsamique**
1 c. à s. de **graines de fenouil**
½ c. à s. d'**huile d'olive**
1 c. à s. de **poivre du Sichuan** broyé

Riz frit aux légumes
2 c. à s. d'**huile d'arachide**
150 g de **carottes** coupées en dés
1 **œuf** battu
1 mesure de **riz froid** cuit à l'eau (voir ci-contre)
100 g de **petits pois**, décongelés si surgelés
100 g de **jeunes épis de maïs** en boîte, égouttés
100 g d'**ananas** en boîte, égoutté
1 c. à s. de **sauce shoyu** ou **tamari**
½ c. à c. de **poivre blanc**
2 c. à s. d'**oignon vert** émincé

Disposez le porc dans un plat à four avec le vinaigre, les graines de fenouil et l'huile d'olive. Poivrez avec le poivre du Sichuan pilé et laissez mariner 30 minutes.

Faites rôtir le porc 40 minutes dans un four préchauffé à 220 °C.

Faites chauffer l'huile dans un wok à feu moyen. Faites revenir les carottes 1 minute, puis ajoutez l'œuf battu.

Ajoutez le riz froid cuit, les petits pois, le maïs et l'ananas, et faites revenir 5 minutes environ. Assaisonnez de sauce de shoyu ou tamari et de poivre blanc, incorporez l'oignon vert et servez avec le rôti de porc.

Pour un riz cuit à l'eau parfait pour 4 personnes, versez 200 g de riz à long grain thaï au jasmin dans une passoire et lavez-le à l'eau chaude courante, en roulant les grains entre vos doigts pour éliminer le surplus d'amidon. Versez le riz dans une casserole avec de l'eau le dépassant de 2,5 cm. Posez la casserole sur le plus petit feu et portez à ébullition. Tournez rapidement, puis réduisez le feu. Couvrez et laissez frémir 10 minutes. Éteignez le feu et laissez finir la cuisson à la vapeur, à couvert, 10 minutes de plus. Ne découvrez surtout pas pour vérifier la cuisson. Avant de servir, aérez les grains de riz à l'aide d'une cuillère ou d'une fourchette.

nasi goreng de crevettes

Pour **4 personnes**
Préparation **10 minutes**
Cuisson **13 minutes**

5 c. à s. d'**huile d'arachide**
2 **œufs** battus
4 **échalotes** émincées
1 **piment rouge**, épépiné et coupé en fines lanières
1 c. à s. de **gingembre frais** haché
1 c. à c. de **coriandre** moulue
1 c. à c. de **paprika**
1 **carotte** coupée en petits dés
300 g de **chou blanc** finement haché
1 c. à s. de **sauce soja** légère
1 c. à s. de **ketchup**
300 g de **riz au jasmin** cuit, froid (200 g cru)
200 g de **crevettes cuites**, décortiquées
1 c. à s. de **ciboulette** ciselée

Faites chauffer 1 cuillerée à soupe d'huile dans un wok à feu moyen. Ajoutez les œufs et tournez la poêle pour les répartir sur toute la surface. Laissez prendre 30 secondes, puis soulevez les bords à l'aide d'une spatule et retournez. Faites cuire l'omelette 10 secondes, puis glissez-la sur une planche à découper, roulez-la puis coupez-la en fines lanières. Réservez.

Faites chauffer un wok à feu moyen avec le reste d'huile et faites dorer les échalotes 4 à 5 minutes. Retirez-les à l'aide d'une écumoire et égouttez-les sur du papier absorbant. Réservez.

Videz l'huile du wok, sauf 1 cuillerée à soupe. Faites revenir le piment, le gingembre, la coriandre moulue et le paprika 30 secondes. Ajoutez la carotte et le chou et faites revenir 2 minutes. Incorporez la sauce soja et le ketchup et laissez cuire encore 1 minute. Versez enfin le riz froid cuit, les crevettes et la moitié de la ciboulette. Laissez 2 minutes de plus sur le feu afin que le riz soit très chaud. Servez avec l'omelette coupée et parsemé d'échalotes frites et de ciboulette.

Pour un nasi goreng au poulet et au concombre, remplacez les crevettes par du poulet et suivez les 2 premières étapes de la recette. Coupez 300 g de blancs de poulet sans peau en petits cubes et faites-les revenir avec le piment, le gingembre et les épices avant de reprendre la recette. Coupez 5 cm de concombre en quatre dans le sens de la longueur, puis coupez-le en fines rondelles et incorporez-le au riz. Garnissez comme ci-dessus.

riz frit au bœuf et aux légumes

Pour **4 personnes**
Préparation **10 minutes**
Cuisson **8 minutes**

2 c. à s. d'**huile d'arachide**
2 gousses d'**ail** écrasées
2 **piments oiseau** finement hachés
2 **échalotes** coupées en quartiers
250 g de **bœuf maigre**, coupé en fines lanières
1 **poivron vert** évidé, épépiné et coupé en lanières
125 g de **jeunes épis de maïs** coupés en deux dans le sens de la longueur
125 g de **champignons de paille** en boîte
2 c. à s. de **nuoc-mâm**
½ c. à c. de **cassonade**
1 c. à s. de **sauce soja** légère
300 g de **riz au jasmin** cuit, froid (200 g cru)
4 **oignons verts** coupés en fines rondelles
1 poignée de **feuilles de coriandre** grossièrement hachées

Faites chauffer l'huile dans un wok à feu vif. Faites revenir l'ail, les piments, les échalotes et dorer le bœuf 2 à 3 minutes. Ajoutez le poivron, le maïs et les champignons puis faites revenir encore 2 minutes.

Incorporez le nuoc-mâm, le sucre et la sauce soja et faites revenir quelques secondes puis ajoutez le riz froid cuit et les oignons verts. Laissez sur le feu le temps de réchauffer le riz, puis parsemez de coriandre et servez.

Pour un riz frit oriental aux légumes, omettez le bœuf. Faites revenir l'ail, le piment et les échalotes quelques secondes puis ajoutez les légumes avec, en plus, 125 g de fleurettes de brocoli coupées en tranches et 75 g de germes de soja. Terminez la recette comme ci-dessus.

nouilles épicées aux crevettes

Pour **4 personnes**
Préparation **10 minutes**
Cuisson **10 minutes**

250 g de **nouilles de riz** fines
2 c. à c. d'**huile de sésame**
2 c. à s. d'**huile d'arachide**
3 gousses d'**ail** écrasées
1 c. à s. de **gingembre frais** haché
1 **oignon rouge** émincé
1 **piment rouge** coupé en fines lanières
75 g de **champignons shiitake** coupés en petits dés
150 g de **jambon blanc**
150 g de **crevettes cuites** décortiquées
75 g de **petits pois**, décongelés si surgelés
200 g de **germes de soja**
4 **oignons verts** émincés
1 poignée de **feuilles de coriandre** grossièrement ciselées

Sauce épicée
1 ½ c. à s. de **pâte de curry de Madras**
2 c. à s. de **sauce soja** légère
2 c. à s. de **vin de riz chinois** ou de **xérès sec**
½ c. à c. de **sel**

Mélangez tous les ingrédients de la sauce et réservez.

Faites cuire les nouilles dans une grande casserole d'eau bouillante en suivant les indications du paquet. Passez-les sous l'eau froide puis égouttez-les et versez-les dans un bol avec l'huile de sésame.

Faites chauffer l'huile d'arachide dans un wok à feu vif. Quand elle est bien chaude, faites revenir l'ail, le gingembre, l'oignon et le piment. Ajoutez les champignons et faites revenir 1 minute puis ajoutez le jambon, les crevettes, les petits pois et les germes de soja. Laissez revenir 1 minute.

Incorporez la sauce préparée et mélangez bien. Placez les nouilles cuites, les oignons verts et la coriandre. Laissez sur le feu jusqu'à ce que les nouilles soient bien chaudes, puis servez.

Pour des nouilles épicées de luxe, remplacez les petites crevettes par 200 g de gambas crues décortiquées et 150 g de noix de Saint-Jacques coupées en quatre. Laissez les shiitake entiers. Faites cuire comme ci-dessus. Ajoutez les gambas et les Saint-Jacques en même temps que les champignons et laissez cuire 2 minutes de plus avant d'incorporer les ingrédients restants.

nouilles sautées à la thaïlandaise

Pour **4 personnes**
Préparation **12 minutes**
Cuisson **12 minutes**

125 g de **nouilles de riz** fines déshydratées
2 c. à s. d'**huile de colza** ou **d'olive**
2 gousses d'**ail** écrasées
1 c. à s. de **gingembre frais** haché
1 c. à s. bien pleine de **pâte de curry doux**
250 g de **jeunes épis de maïs**
250 g de **chou pointu** finement haché
1 petit **poivron rouge** évidé, épépiné et émincé
1 ½ c. à c. de **nuoc-mâm**
2 c. à c. de **sauce shoyu** ou **tamari**
60 ml de **lait de coco** en boîte
100 g de **cacahuètes grillées** sans sel, concassées
2 c. à s. de **feuilles de coriandre** hachées + quelques branches pour décorer
4 **oignons verts** émincés
2 c. à s. de **jus de citron vert**

Mettez les nouilles de riz dans un bol d'eau bouillante, couvrez et laissez-les cuire 5 minutes. Égouttez-les et réservez-les.

Faites chauffer l'huile dans un wok à feu vif. Quand elle est bien chaude, faites revenir l'ail, le gingembre et la pâte de curry 2 à 3 minutes jusqu'à ce que les épices commencent à dégager leur arôme.

Ajoutez le maïs, le chou et le poivron et faites revenir 5 minutes jusqu'à ce que le chou commence à flétrir.

Ajoutez le nuoc-mâm, la sauce shoyu et le lait de coco. Mélangez, puis versez les nouilles de riz et faites revenir le temps de les réchauffer. Éteignez le feu et incorporez délicatement les cacahuètes, la coriandre, les oignons verts et le jus de citron vert. Garnissez de brins de coriandre.

Pour des nouilles citronnées au saumon fumé chaud, suivez la recette ci-dessus en ajoutant le zeste râpé de 2 citrons verts dans l'eau des nouilles. Ajoutez 200 g de saumon fumé chaud émietté dans le wok en même temps que les nouilles cuites.

nouilles de riz aux gambas

Pour **4 personnes**
Préparation **10 minutes**
Cuisson **7 minutes**

400 g de grosses **gambas crues**, décortiquées
2 c. à s. d'**huile d'olive**
400 g de **nouilles de riz** fines déshydratées
4 gousses d'**ail** émincées
3 **piments rouges** hachés
2 bâtons de **citronnelle** hachés
2 **oignons** émincés
6 branches de **céleri** émincées
4 c. à c. de **sauce shoyu**
3 **oignons verts** émincés
poivre noir

Sauce au poisson et au citron
2 **piments rouges** hachés
½ gousse d'**ail** écrasée
60 ml de **jus de citron**
60 ml de **nuoc-mâm**
3 c. à s. de **sucre muscovado** allégé
125 ml d'**eau**

Pour décorer
4 c. à s. de **cacahuètes grillées** non salées, concassées
2 **piments rouges** fendus

Mélangez les gambas avec 1 cuillerée à soupe d'huile d'olive dans un bol et réservez.

Faites tremper les nouilles de riz 5 à 10 minutes dans de l'eau bouillante, à couvert, pour les cuire. Égouttez-les soigneusement et transvasez-les dans un plat maintenu au chaud.

Pour la sauce au poisson et au citron, mélangez tous les ingrédients dans un bol. (Elle se conserve une semaine au réfrigérateur dans un récipient hermétique.)

Faites chauffer un wok et lorsqu'il est très chaud, ajoutez-y les gambas enrobées d'huile d'olive. Saisissez-les 30 secondes de chaque côté jusqu'à ce qu'elles prennent une couleur brun doré. Retirez-les à l'aide d'une écumoire et réservez-les.

Faites chauffer le reste d'huile d'olive en enduisant toute la surface du wok. Ajoutez l'ail, les piments et la citronnelle et faites revenir 30 secondes. Ajoutez les oignons et le céleri et faites fondre 2 minutes.

Remettez les gambas dans le wok, ajoutez la sauce shoyu et les oignons verts et poivrez. Disposez sur les nouilles et arrosez avec 3 cuillerées à soupe de sauce au poisson et au citron. Parsemez de cacahuètes concassées et de piment rouge. Servez avec le restant de sauce à part.

pad thaï au tofu

Pour **4 personnes**
Préparation **15 minutes**
Cuisson **10 minutes**

200 g de **nouilles de riz** larges déshydratées
450 g de **tofu ferme**
huile végétale pour friture
2 gousses d'**ail** émincées
3 **œufs**
le **jus** de 1 **citron vert**
2 c. à s. de **nuoc-mâm**
½ c. à c. de **cassonade**
50 g de **cacahuètes grillées** concassées
2 c. à s. de **crevettes séchées moulues**
75 g de **germes de soja**
4 **oignons verts** émincés en biais
1 **piment rouge** coupé en anneaux
1 grande poignée de **feuilles de coriandre**

Faites tremper les nouilles pour les réhydrater en suivant les indications du paquet puis égouttez-les.

Égouttez le tofu et séchez-le avec du papier absorbant puis coupez-le en 20 cubes de taille égale. Réservez. Versez de l'huile dans un wok pour la friture et chauffez à 190 °C. Faites frire la moitié du tofu jusqu'à ce qu'il soit gonflé et doré puis retirez-le à l'aide d'une écumoire et égouttez-le sur du papier absorbant. Faites frire le reste de tofu et réservez.

Videz l'huile du wok, en conservant 2 cuillerées à soupe, et remettez-le à feu vif. Ajoutez l'ail et les œufs et faites cuire 2 secondes, puis ajoutez les nouilles égouttées, le jus de citron vert, le nuoc-mâm, la cassonade, la moitié des cacahuètes et la moitié des crevettes séchées. Faites revenir 2 minutes pour bien réchauffer les nouilles. Incorporez les germes de soja, les oignons verts, le piment et le tofu cuit. Laissez encore 1 minute sur le feu puis parsemez avec le reste de cacahuètes, de crevettes séchées et la coriandre.

Pour un pad thaï au poulet, remplacez le tofu par 450 g de blancs de poulet sans peau, coupés en lamelles. Faites chauffer 2 cuillerées à soupe d'huile d'arachide dans un wok et faites dorer le poulet 2 à 3 minutes. Retirez le poulet à l'aide d'une écumoire, puis poursuivez la recette comme ci-dessus en ajoutant le poulet cuit avec les nouilles.

nouilles au poulet et au pak choi

Pour **4 personnes**
Préparation **10 minutes**
+ marinade
Cuisson **7 minutes**

500 g de **blancs de poulet** sans peau, coupés en fines lanières
1 c. à s. de **vin de riz chinois** ou de **xérès sec**
2 c. à c. de **fécule de maïs**
½ c. à c. d'**huile de sésame**
½ c. à c. de **sel**
2 c. à s. d'**huile d'arachide**
5 **oignons verts** coupés en tronçons de 5 cm
2,5 cm de **gingembre frais** coupé en bâtonnets
1 **piment rouge**, épépiné et émincé
1 c. à s. de **graines de sésame**
3 **cœurs de pak choi** coupés en morceaux de 5 cm
2 c. à s. de **sauce aux huîtres**
1 c. à s. d'**eau**
300 g de **nouilles précuites** « wok express »

Mettez les blancs de poulet dans un bol avec le vin de riz, la fécule de maïs, l'huile de sésame et le sel. Laissez mariner 30 minutes.

Faites chauffer l'huile dans un wok à feu vif. Quand elle est bien chaude, faites revenir pendant 2 minutes les lanières de poulet, les oignons verts, le gingembre, le piment et les graines de sésame, avant d'ajouter le pak choi. Laissez 1 minute puis ajoutez la sauce aux huîtres et l'eau. Faites cuire 1 minute, en remuant, puis incorporez les nouilles et réchauffez.

Pour des nouilles au porc et crevettes, remplacez le poulet par 325 g de porc maigre émincé et mariné comme ci-dessus. Suivez la recette et ajoutez 150 g de petites crevettes cuites en même temps que le pak choi.

nouilles au canard et légumes

Pour **4 personnes**
Préparation **10 minutes**
Cuisson **15 minutes**

250 g de **nouilles aux œufs** moyennes
1 c. à c. d'**huile de sésame**
3 c. à s. d'**huile d'arachide**
500 g de **magret de canard** sans peau, coupé en tranches
1 **poireau** émincé
2 gousses d'**ail** finement hachées
1 **piment rouge** coupé en anneaux
1 c. à s. de **gingembre frais** finement haché
200 g de **pois mange-tout** coupés en deux
125 g de **germes de soja**
2 c. à s. de **sauce soja** légère
2 c. à s. de **vin de riz chinois** ou de **xérès sec**
1 c. à c. de **miel liquide**
1 poignée de **feuilles de coriandre** grossièrement hachées + quelques-unes entières pour décorer
sel et **poivre**

Faites cuire les nouilles dans une grande casserole d'eau bouillante selon les indications de l'emballage. Passez-les sous l'eau froide, égouttez-les et versez-les dans un bol avec l'huile de sésame.

Faites chauffer la moitié de l'huile d'arachide dans un wok à feu vif. Quand elle est bien chaude, ajoutez le magret de canard, salez et poivrez et faites dorer 2 à 3 minutes. Transvasez la viande dans une assiette et réservez pendant que vous remettez le wok sur le feu.

Nettoyez le wok avec du papier absorbant, puis ajoutez le reste d'huile. Lorsqu'elle est bien chaude, ajoutez le poireau et faites revenir 1 minute. Incorporez l'ail, le piment, le gingembre, les pois mange-tout et les germes de soja et faites revenir 1 minute. Remettez le canard dans le wok, versez la sauce soja, le vin de riz et le miel, et faites sauter 1 minute. Pour finir, ajoutez les nouilles et la coriandre hachée, en remuant, pour réchauffer les nouilles. Décorez de quelques feuilles de coriandre entières et servez.

Pour du canard aux nouilles et au lait de coco, remplacez les nouilles aux œufs par 200 g de nouilles de riz larges déshydratées, cuites selon les indications du paquet. Remplacez la sauce soja et le vin de riz par 5 cuillerées à soupe de lait de coco et 1 cuillerée à soupe de nuoc-mâm. Laissez frémir 3 minutes avant d'ajouter les nouilles.

nouilles frites au poulet et légumes

Pour **2 personnes**
Préparation **10 minutes**
Cuisson **15 minutes**

1 c. à s. de **fécule de maïs**
1 c. à s. de **nuoc-mâm**
1 c. à s. de **sauce soja**
1 c. à c. de **cassonade**
100 ml de **bouillon de légumes**
150 g de **nouilles aux œufs** fines
huile végétale pour friture
2 gousses d'**ail** émincées
175 g de **cuisses de poulet** désossées, sans peau, en fines lanières
75 g de **champignons de paille** en boîte
75 g de **jeunes épis de maïs** coupés en deux dans le sens de la longueur
75 g de **poivron rouge** évidé, épépiné et coupé en petits dés
4 **oignons verts** coupés en tronçons de 2,5 cm
brins de coriandre pour décorer

Mélangez la fécule de maïs, le nuoc-mâm et la sauce soja en une pâte homogène. Incorporez la cassonade et le bouillon de légumes puis réservez.

Faites cuire les nouilles dans une grande casserole d'eau bouillante selon les indications du paquet. Passez-les sous l'eau froide, puis égouttez-les.

Versez de l'huile en suffisance pour frire les nouilles et chauffez à 190 °C. Faites frire la moitié des nouilles jusqu'à ce qu'elles soient croustillantes et dorées, puis retirez-les à l'aide d'une écumoire et égouttez-les sur du papier absorbant. Faites frire le reste des nouilles. Disposez-les dans un plat de service.

Videz l'huile du wok, sauf 2 cuillerées à soupe, et remettez-le à feu vif. Faites revenir l'ail et le poulet 2 minutes, puis incorporez le reste des ingrédients, à l'exception de la coriandre. Faites revenir encore 2 minutes, puis versez la sauce préparée et portez à ébullition. Dès que la sauce commence à épaissir versez-la sur les nouilles croustillantes et garnissez de brins de coriandre.

Pour une salade thaïe de nouilles au poulet, préparez un assaisonnement avec le nuoc-mâm, la sauce soja, la cassonade, ½ cuillerée à café d'huile de sésame, 2 cuillerées à soupe d'huile d'olive et le jus de 1 citron vert. Incorporez-la aux nouilles froides et ajoutez tous les légumes crus, l'ail et l'oignon vert. Faites revenir le poulet dans 1 cuillerée à soupe d'huile d'arachide 3 à 4 minutes et ajoutez-le dans la salade.

nouilles de Singapour

Pour **4 personnes**
Préparation **10 minutes**
Cuisson **10 minutes**

5 c. à s. d'**huile végétale**
2 **œufs** battus
6 **échalotes** finement émincées
1 **oignon** émincé
3 gousses d'**ail** écrasées
2 c. à s. de **sauce aux haricots noirs**
2 c. à s. de **vin de riz chinois** ou de **xérès sec**
1 **piment rouge** finement haché
½ c. à c. de **cinq-épices** en poudre
600 ml de **bouillon de bœuf** ou d'**eau**
250 g de **nouilles fraîches aux œufs**
150 g de **germes de soja**
250 g de **porc char siu** ou de **grillade de porc**, tranché
125 g de **pak choi** coupé en morceaux
125 g de grosses **gambas crues**
½ c. à c. de **sel**
2 **piments rouges** émincés
feuilles de coriandre
sauce sweet chili pour servir

Faites chauffer 1 cuillerée à soupe d'huile dans un wok à feu moyen. Ajoutez les œufs et tournez la poêle pour bien les étaler. Laissez prendre 30 secondes, puis soulevez les bords avec une spatule et retournez. Faites cuire 10 secondes, retirez à l'aide d'une écumoire, enroulez et coupez en lanières. Réservez.

Ajoutez 4 cuillerées à soupe d'huile et lorsqu'elle est bien chaude, faites dorer les échalotes 4 à 5 minutes le temps qu'elles soient croustillantes. Retirez à l'aide d'une écumoire et égouttez-les sur du papier absorbant.

Videz l'huile du wok en conservant 1 cuillerée à soupe. Ajoutez l'oignon et faites-le dorer. Ajoutez l'ail, la sauce aux haricots noirs, le vin de riz, le piment et le cinq-épices et faites revenir 2 minutes.

Versez le bouillon dans le wok et portez à ébullition, puis plongez-y les nouilles et les germes de soja.

Ajoutez le porc dans le wok avec le pak choi, les gambas et le sel, et faites cuire 4 minutes de plus. Parsemez d'échalotes frites, de lanières d'omelette, de rondelles de piment et de feuilles de coriandre. Servez avec de la sauce sweet chili.

Pour un riz frit spécial, remplacez les nouilles par 250 g de riz au jasmin cuit. Procédez comme ci-dessus, sans utiliser de bouillon. Ajoutez le riz dans le wok après 3 minutes de cuisson des crevettes. Laissez sur le feu pour que ce soit bien chaud.

nouilles croustillantes au bœuf

Pour **4 personnes**
Préparation **10 minutes**
+ marinade
Cuisson **20 minutes**

½ c. à c. de **miel liquide**, par exemple d'acacia
2 c. à s. de **sauce soja** légère
2 c. à s. de **sauce aux huîtres**
2 c. à s. de **vin de riz chinois** ou de **xérès sec**
2 c. à c. de **fécule de maïs**
400 g de **bœuf maigre** paré, coupé en fines lanières
250 g de **nouilles aux œufs** moyennes
1 c. à c. d'**huile de sésame**
4 c. à s. d'**huile d'arachide**
2 c. à c. de **gingembre frais** émincé
2 gousses d'**ail** émincées
1 **poireau** émincé
200 g de **brocoli** détaillé en bouquets
3 c. à s. d'**eau**

Mélangez le miel, la sauce soja, la sauce aux huîtres, le vin de riz et la fécule de maïs. Faites mariner le bœuf dans la moitié de cette sauce 30 minutes au réfrigérateur. Réservez le reste de la sauce.

Faites cuire les nouilles dans de l'eau bouillante. Passez-les sous l'eau froide, égouttez-les, puis arrosez-les avec l'huile de sésame. Faites chauffer 2 cuillerées à soupe d'huile d'arachide dans un wok à feu vif. Faites dorer les nouilles 5 minutes. Retournez et faites dorer 3 minutes de plus. Transvasez dans un plat de service chaud. Faites chauffer une autre cuillerée à soupe d'huile et faites revenir le bœuf 2 minutes, puis transvasez-le sur une assiette avec son jus.

Lavez le wok et mettez-le à nouveau sur le feu. Faites chauffer le reste d'huile et faites revenir le gingembre, l'ail et le poireau 1 minute. Ajoutez le brocoli et faites sauter 2 minutes. Versez la sauce réservée et l'eau et portez à ébullition. Remettez le bœuf dans le wok et faites revenir 1 minute. Servez le tout sur les nouilles.

Pour des nouilles croustillantes aux légumes, supprimez le bœuf. Préparez la sauce et les nouilles comme ci-dessus. Faites chauffer 1 cuillerée à soupe d'huile d'arachide et faites revenir le gingembre, l'ail et le poireau 1 minute avant d'ajouter le brocoli, 1 poivron rouge et 1 poivron vert, coupés en dés, et 200 g de courgette en rondelles. Faites revenir 2 minutes. Ajoutez la sauce réservée et l'eau et laissez cuire 1 minute avant de servir sur les nouilles.

annexe

table des recettes

bœuf & agneau

porc

volailles & œufs

poissons & crustacés

légumes & tofu

riz & nouilles

Découvrez toute la collection :

entre amis

200 recettes autour du **barbecue**

À chacun sa petite **cocotte**

Apéros

Brunchs et petits dîners pour **toi & moi**

Chocolat

Cocktails glamour & chic

Cupcakes colorés à croquer

Desserts trop bons

Macarons et tout petits gâteaux

Verrines

cuisine du monde

200 bons petits plats **italiens**

Curry

Pastillas, couscous, **tajines**

Spécial thaï

Wok le tour du monde des recettes

Petits plats **asiatiques**

200 recettes comme à **New York**

tous les jours

200 plats pour changer du quotidien

200 recettes pour **étudiants**

À table en moins de **20 minutes**

Cuisine du marché à moins de **5 euros**

Les 200 plats préférés des **enfants**

Mon pain

Pasta

Pâtisserie facile

Petits **gâteaux**

Préparer et cuisiner **à l'avance**

Recettes **faciles**

Recettes pour **bébé**

Risotto et autres façons de cuisiner le riz

Spécial **Débutants**

Spécial **Poulet**

Tartes mini ou family

200 recettes familiales **vite prêtes**

bien-être

5 fruits & **légumes** par jour

21 menus minceur pour **perdre du poids**

21 menus minceur pour **garder la ligne**

200 recettes **équilibrées** pour toute la famille

200 recettes vitaminées au **mijoteur**

Quinoa, boulgour lentilles & Cie

Papillotes, la cuisine vapeur qui a du goût

Poissons & crustacés faciles

Recettes **vapeur**

Salades

Smoothies et petits jus frais & sains

Petite bible de la cuisine **sans gluten**

Soupes pour tous les goûts

Pâtisseries & desserts **à la stévia**

SIMPLE
PRATIQUE
BON

POUR CHAQUE RECETTE, UNE VARIANTE EST PROPOSÉE.

MARABOUT
LES PETITS COSTAUDS CÔTÉ CUISINE